人物叢書

新装版

卜《うら》部《べ》兼《けん》好《こう》

冨倉徳次郎

JN082976

日本歴史学会編集

吉川弘文館

兼好法師画像

藤原光成筆　（三重県，常楽寺蔵）

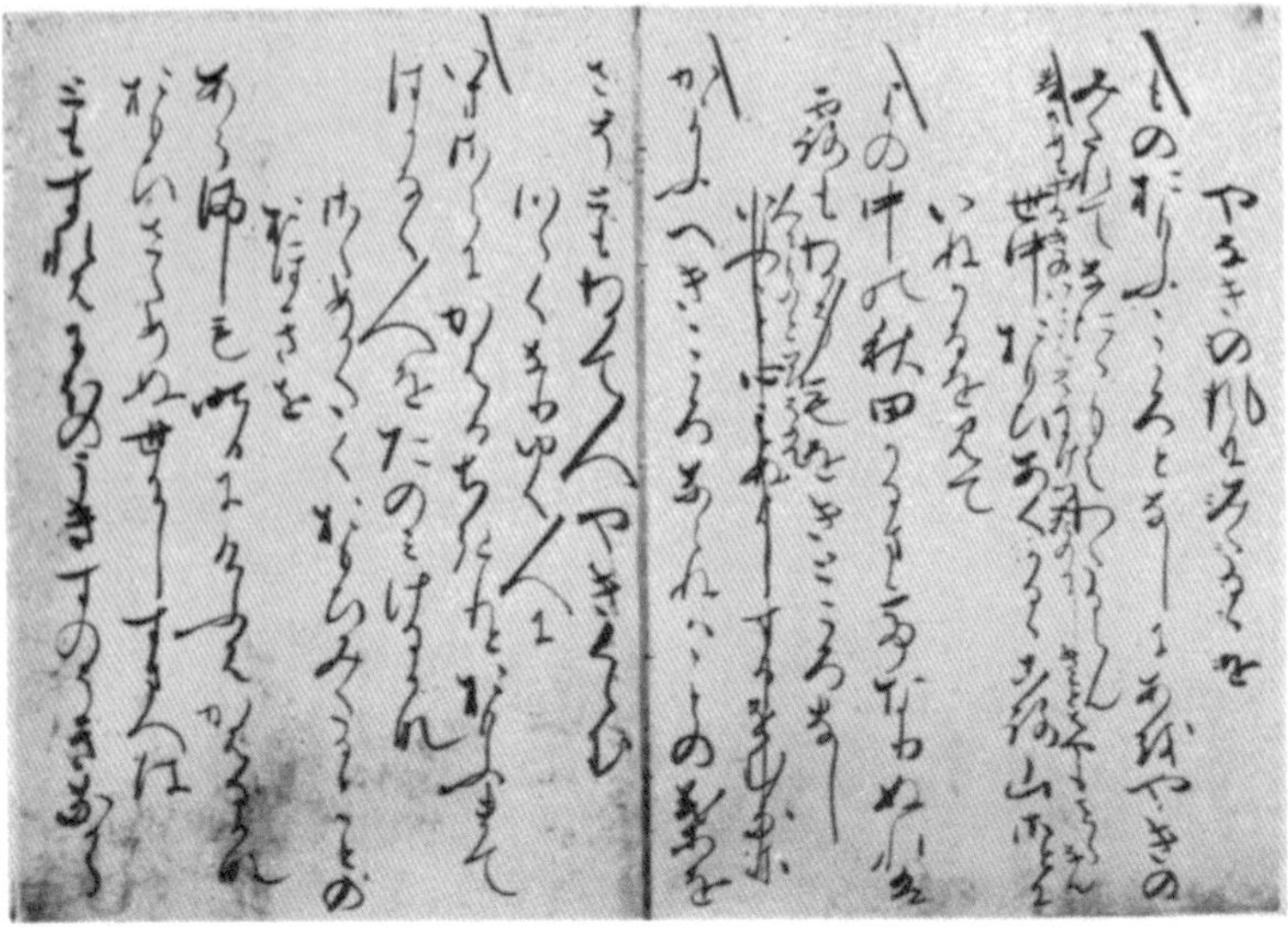

卜部兼好自筆自撰家集

やなぎの風にみだるゝを

ものおもふこゝろとなしにあをやぎの
みだれてなにゝもえわたるらん

春さめにやなぎのいとはそめかけつ花のにしきをはやもをりなん

世中おもひあくがるゝころ山ざとに
いねかるを見て

よの中の秋田かるまでなりぬれば
露もわが身もをきどころなし

人にものをいひそめて
いふこと心えぬよしするをむなに

かよふべきこゝろならねばことの葉を
さぞともわかで人やきくらむ

つらくなりゆく人に

いまさらにかはるちぎりとおもふまで
はかなく人をたのみけるかな

さだめがたくおもひみだるゝことの
おほきを

あらましも昨日にけふはかはるかな
おもひさだめぬ世にしすまへば
ともすればにほのうきすのうきながら

はしがき

卜部兼好《うらべけんこう》は、おそらく日本人にとっても最も親しまれている古典作家の中の有数な一人であると思う。彼は中世の隠者文芸人の系譜の上で、注目すべき一人であるという以上に、わが文学史上に多くの興味深い問題を提示する『徒然草』の著者として、常に日本人の深い関心を要求する存在なのである。

本書は、『人物叢書』の一冊として、彼の生涯を可能な範囲で実証的にたどり、また彼の思想を、『徒然草』を通して考えることによって、この鎌倉末期の生んだすぐれた中世文芸人の人間像を、内面的にも探究しようとしたものである。

彼は、その随筆が江戸時代人に愛読されたために、江戸時代の好みにおいて、双《ならびの》岡《おか》の粋《すい》法師と呼ばれるような人間像を持ったが、そうした面にも触れてみようと努めた。

私は、昭和十二年四月、『兼好法師研究』を出版し、その中に、兼好法師の生涯をたどってみたが、その後昭和十八年二月の再度の出版には、多少新資料による増補訂正を加えた。しかし、以来、その後に至っても、多くの学徒によって発見・調査された資料も多く、また兼好生前の時代の歌壇の状勢に対する調査研究も長足の進歩を見せている。本書においては、そうした新発見・新研究をもつとめて参照し加えた。それらについては一々なるべく断り書きを加えるように努めたが、本書の性質上、新研究を細《こま》かに記しがたい点も多く、その点礼を失する点もあるかと思うが、お許しを願いたい。

兼好法師の生涯の探究、その人間像の正しい把握は、中世日本文学の研究という以上に、実は日本人というものの研究にも興味ぶかいと思っている。そうした願いに多少とも役立つことがあれば望外の幸せ《しあわ》である。

昭和三十八年十月

冨倉徳次郎

目次

口絵

挿図

第一　兼好の生涯

一　史実と伝説

『徒然草』への関心

今でこそ、兼好法師というと、『徒然草』の作者として、広く親しまれ、記憶されているが、『徒然草』が、したがってまた兼好の生涯の伝記が広く人々から深い関心を持たれたのは、やっと江戸時代に入ってからのことである。

松永貞徳

慶長（一五九六―一六一四）の初め、古典の啓蒙者であり、俳人でもあった松永貞徳が彼をとり巻く若い人々に『徒然草』を読み解くことを始め、また古典研究の正統を伝えていた細川幽斎もこの随筆の注解を書きとめたといわれているが、それらは近世初頭の啓蒙期の主智的・道義的なものへの関心が、おのずからこの中世の随筆への興味を引き起したと考えられる。

こうした『徒然草』への関心は、時代の出版界の動きと相待って、貞享《じようきよう》・元禄(一六八四―一七〇三)のころには、すでに十三種に及ぶ『徒然草』の注釈書を生むとともに、種々の『徒然草』の刊本の出版を見て、次第に庶民の階層にも親しまれ、

『徒然草』の流布

『徒然草』は一方では日本の『論語』とまで尊ばれるとともに、一方では庶民にふさわしい教養書として歓迎されるに至ったのである。近松門左衛門は、延宝九年(一六八一)兼好法師を主人公とした、浄瑠璃『つれ〴〵草』を書き、更に『兼好法

双岡の粋法師

師物見車』を書いたが、ここでは、すでに当年の兼好法師の代名詞「双岡《ならびのおか》の粋《すい》法師」ということばこそは使われていないが、人生の教師として、「恋しり」の法師として、そのことばの意味は十分見ることができるのである。こうした兼好熱は当然兼好の伝記に対するふかい好奇心を呼び覚したわけであるが、しかし、それに対して、研究家が見出し得た兼好伝は、わずかに『兼好家集』以外では

『太平記』巻二十一、『正徹《しょうてつ》物語』『落書露見《らくしょろけん》』『近来風躰《ふうてい》抄』『吉野拾遺物語』に見える断片的な資料に止まって、それ以上のことは望み得なかったのである。倉田松益の『兼好伝紀』（貞享三年刊）は、そうした資料を忠実に抜書きしたものであるが、それが当時としては、知り得る実証的な兼好伝であるといっても過言《かごん》ではなかったと思う。

『園太暦』にあるという伝記資料

そうした時代に現われたのが、洞院公賢《とういんきんかた》の日記『園太暦《えんたいりゃく》』にありと称する、奇怪な兼好伝記資料なのである。その内容は大体、

一、延慶二年（一三〇九）二月八日、兼好《かねよし》が兄兼雄《かねお》とともに、院の仰せによって、『神詠部類』を編纂し、その功によって従六位下・左馬助《さまのすけ》に叙任せられたこと。

二、若年の兼好は弓術に長じていて、延慶三年六月十四日、萩戸《はぎのと》の隅で怪鳥を射たこと。

三、兼好が東漂西泊《とうひょうせいはく》十五年、若き日、伊賀権守橘成忠の招きを受け、伊賀国

(三重県)に赴き、居ること三年、成忠の女、中宮小弁に「しのぶ山またことかたの道もがな　ふりぬるあとは人もこそ知れ」の恋歌を贈り、事顕《あら》われて、また旅に出たこと。

四、康永二年(一三四三)八月二十五日、南朝の天皇に召されて、ひそかに南山に向ったこと。御疱瘡加持のためである。

五、貞和《じょうわ》五年(一三四九)正月二十八日、当今《とうぎん》(時の天皇)の御希望によって和歌の秘本を叡覧に供え、その賞として、権僧都を贈られたが、なお「乞食《こつじき》の生涯」を喜び、これを辞退したこと。

六、貞和四年二月二日、吉田山の兼好が『新古今集』を講じ、殿上人《てんじょうびと》二十余人が聴問したこと、その他、彼が歌人として、詩人として、その名声が高かった諸事項。

七、貞和五年五月二十三日、兼好が頓阿《とんあ》とともに、伊勢国(三重県)阿野明神に詣で、通夜の慰めに、『寝覚《ねざめ》の友』という一草子を撰したこと。
八、観応元年（一三五〇）二月十五日、伊賀の国見《くにみ》山《やま》の麓、田井庄において、六十八歳で卒去したこと。これより先、彼の病に際し、光厳《こうごん》上皇が典薬頭《てんやくのかみ》和気清元を遣わし、また二条良基がひそかに見舞に下ったこと。
九、同二月二十五日、伊賀国分寺に勅葬せられ、権僧都の官を賜わり、田井庄に墓を築いたこと。
一〇、兼好の弟子、命松丸《みょうしょうまる》なる者があり、歌道の秘奥を兼好より伝えられたこと。
一一、応安六年（一三七三）三月、二条良基から兼好の撰にかかる『徒然草』『徃生伝』『寂光浄土録』の三本を将軍義満に献ったこと（正徳二年霄《しょう》雨軒《けん》月尋所持の奥書のある『兼好法師伝』による）。
などである。

『崑玉集』にあるという伝記断片

しかも、この『園太暦』にありという奇怪な抜書の外に、西三条三光院殿作の『崑玉集《こんぎょく》』にありという兼好の伝記断片も、これとともに流布《るふ》したのである。それは、

一、兼好が出家を望んだが、兄兼雄が「ま近き法心」は「家の面目を失ふ」と誡めたので、諸国遍歴の旅に出《い》で、木曾路を経て、武蔵（東京都・埼玉県）・下総（千葉県・茨城県）・陸奥（東北地方）・伊賀・伊勢と修行し歩き、後に摂津国（大阪府）天王寺近くの安部野《あべの》の原の松原近き所に、弟子寂閑《じゃくかん》と童命松丸《みょうしょうまる》とともに行《おこな》いすましていたが、貧しかったので、弟子・童とともに「むしろやうのもの」を造り、あきなったという話。

二、『徒然草』二巻と家集一巻は兼好の死後、吉田の草庵の壁に張られてあったものや、経巻の裏に書いてあったものなどを、今川了俊《りょうしゅん》と童の命松丸が編纂したものであるという話。

などである。
　これらは延宝から貞享（一六七三―八七）にかけてのころに、発見者・所蔵者不明の形で流布したものであるが、ここに抜書きされた記事には、いずれも現存『園太暦』の欠巻の部の日附が付してあること、また侍童命松丸に結びつけて話が作られているという点から見ると、兼好伝の諸資料にも通じ、また多少その道に携わった人の、しかし、あまり上手でない悪戯であったと考えられるのである。

大衆好みの兼好伝

　もちろん、右に述べたところでも容易にわかるように、この時代の歴史や社会相を知るものから見れば、一目《いちもく》瞭然たる滑稽な、ナンセンスな内容ではあるが、しかしこの内容が当年の大衆好みの兼好伝にふさわしいものであったからであろう、むずかしい理屈は抜きにして、その内容は意外な流布をみたわけなのである。

伝兼好の和歌

　おもしろいことは、これだけではなく、兼好の詠んだ歌といわれる、教訓ふうな歌もこのころに流布したのである。

ある人にいざなはれて、四国見に渡りし時、波風の荒らかりしことを思ひ出でて

世の中を渡りくらべて今ぞしる　阿波の鳴門は波風もなし

この歌は、元和七年(一六二一)刊の『徒然草』の注釈書『野槌《のづち》』に、「兼好の歌とて或人のかたりしは」と断り書が付いて載せられたのが初めのようであるが、それが寛文四年(一六六四)刊の『兼好法師家集』の中では、全く彼の作品としてこの家集の中に採り入れられてしまったのである。また、

世の中にしたがふ人のことのはは　思ふもいはず思はぬもいふ

という歌も、『松屋筆記』に、『宗因随筆』にある兼好法師の教訓の歌として、この「世の中を渡りくらべて」の歌とともに、挙げられているのである。

しかし、これらの歌は、現存の兼好法師自筆の家集には見えないもので、これもまたこの時代の兼好法師熱が招いた偽作歌なのである。

虚構の伝記

初めこそ、これらの伝記資料は、真偽不明として語られるが、やがては史実と混同せられ、宝永（一七〇四―一〇）以後には、この虚構の資料によった半創作風の兼好伝がおびただしく現われたわけである。

『兼好諸国物語』　閑　寿著　宝永三年刊
『種　生　伝』　篠田　厚敬著　正徳二年刊
『兼好法師伝』　幾春庵利微著　享保十二年刊
『兼好法師伝考』　写本（寛保四年の日附あり）
『兼好法師伝記考証』　野々口隆正著　天保八年刊

がそれである。

伊賀の古塚

しかもこの記事と関連して、伊賀国名張郡種生《たねお》村大字種生にあった兼好法師の古塚と称するものが、能登永閑の『伊賀名所記』に伝えられているところから、この偽書『園太暦』の記事の中の、兼好の伊賀国見山麓田井庄終焉《しゅうえん》説と結びつけられ、伊賀終焉説は長く信用せられて、明治以後の諸研究書にも採用せられたのである。現に明治二十六年(一八九三)諸陵頭《のかみ》川田剛によってこの地に碑石が立てられているのである。石碑は高さ約二・五メートル、幅一・七メートルに余る大石で、その表には諸陵頭川田剛撰、巖谷《いわや》修書の碑文が刻されていて、現在も存在する。

また、現に種生村の常楽寺には、かつて元禄のころ『種生伝』の著者、篠田厚敬がここに来て、この地の草蒿寺《そうこうじ》に収めたという兼好上人像(土左刑部権大輔《ぎょうぶごんだゆう》従五位下藤原光成筆、正三位左衛門督飛鳥井雅量卿賛)・伝兼好筆の短冊が伝えられている。本書が巻頭に載せた兼好法師像は、その兼好上人像である。

これらは、もとより兼好法師をとり巻く伝説が生み出した碑であり、像であるが、一面兼好愛の産物ともいえると思う。兼好法師は『徒然草』に、

世に語りつたふること、まことはあいなきにや、多くはみなそらごとなり。
あるにもすぎて人はものを言ひなすに、まして年月過ぎ境も隔たりぬれば、

言ひたきままに語りなして筆にも書きとどめぬれば、やがて定まりぬ。道々のものの上手のいみじきことなど、かたくななる人の、その道知らぬは神のごとくにいへども、道知れる人はさらに信も起さず。音に聞くと見る時とは、何事も変るものなり。

（『徒然草』第七十三段）

と書いている。われわれは、しばらく兼好とともに、この江戸時代中期から明治にまで続き行われた「そらごと」、伝説に苦笑すべきであろう。

なお、ここに兼好の呼名について考えておこう。

兼好の呼名

卜部兼好《かねよし》がその呼名としては穏当である。現に、金沢文庫蔵の彼の自筆の懸紙にも「卜部兼好」と記されている。「兼」の字は、卜部氏に代々用いられているが、それについて、『尊卑分脈』や、諸系図には、その先祖兼延が一条院の時、院の御意に叶って、御諱懐仁《いみなかねひと》と国音の通じる「兼」の字を賜わって以来、代々「兼」の字を用いたというが、もちろんこの伝えはどこまで史的価値があるかは疑わし

けんかう

い。彼は出家後も、兼好を音読して「けんかう」と呼んだのであって、このことは『兼好家集』に、出家後の彼が邦良《くによし》親王邸を訪ねた個所に、

……権大夫《ごんのだいぶ》などさぶらはせ給ひて、みきなどまゐりて御連歌ありしに、けんから候よし人の申されたりければ（この本文は見せ消《け》ち（もとの字が読めるような消し方）になっている）

とあるので、確かめられる。したがって「兼好法師」という呼び名が、出家後の彼に多く用いられ、当時の歌論書や日記類には「兼好法師」と見えるのである。

「吉田兼好」

しかし、「吉田兼好」という呼び名は、はるかに後世の呼び名であり、江戸時代のものには、この名が多く用いられているが、兼好の生前には用いられず、また不当な呼び名であると考えられる。卜部氏は、兼延の子の時から吉田流と平野流に分かれ（伝記の項参照）、兼好は吉田流ではあるが、この系統が「吉田」という氏を用いたのは、はるかに時代が下り、系図では兼凞《かねひろ》（一四〇二没）のところに初め

て「後吉田ト称ス」とある。「吉田」という家号は、兼好の時代にはなお固定していなかったと考えるべきだと思う。また特に吉田神社と兼好を結び付け吉田神社在住と考えることも、後世の作為があると考えられる。江戸時代には、吉田山の知福院に兼好像があったというが、それも兼好生前の関係を語るものではないと思う。「吉田兼好」の呼び名は、吉田神道の隆盛とともに、吉田流の徒が『徒然草』の盛名につれていい出したことで、とるべきではないと信じる。

吉田神社

以下実証的資料によって、可能な範囲で兼好の伝記をたどってみたい。

二　おいたち

兼好法師は、神祇の家、卜部《うらべ》家の出である。

卜部氏の出自

このト部氏の出自《しゅつじ》については、今日『尊卑分脈』に見えるところには後世の作為があるので、明瞭ではないが、その祖平麻呂は、伊豆の国人(『三代実録』)であったという。亀卜《きぼく》の道に長じ、やがて神祇権大祐《ごんだゆう》を拝し、また宮主《みやじ》をも兼ねたという。従五位下・丹波介として元慶《がんぎょう》五年（八八一）十二月五日に卒している。以来卜部氏は祇官としては低い官ではあったが、平野神社の神職を兼ね、また兼延の時からは吉田神社の預《あずかり》をも兼ね、次第に神祇界で重きをなして行ったもののようである。『吉田家譜』によれば、一条天皇のころの神祇伯長上《ちょうじょう》卜部兼延の二人の子によって、吉田の家と平野の神職の家が分かれたという（萩原竜夫著『中世祭祀組織の研究』）。兼好は、この吉田社預の系統の人ではあるが、その系統にあっても、兼好の祖父、兼名の時から庶流であり、吉田流は兼名の兄兼直がこれを継ぎ、兼名は、関東に新天地を開くためであろう、関東に下って、日本紀講をおこない、神道を広めるために活躍したのである。しかし、兼名の子兼顕（兼好の父）は、早く弘安七年（一二八四）のころから後宇多天皇に奉仕し、その宮主《みやじ》（天皇の御卜に奉仕する神官）の重職にあり、更に皇后遊義門院の宮主をも兼ねているところを見ると、京都に生活したように考えられる。そ

兼好の父兼顕

兼好の兄弟

慈遍

して弘安十年(一二八七)十一月二十一日、後宇多天皇御退位の後も、なお神祇官として奉仕し、神祇界で相当重きを成していたと考えられるのであり、またその子兼雄(兼好の兄とも弟とも伝えられる)は、『宮主秘事口伝』(康安二年(一三六二)卜部兼豊編)によると、応長(一三一八)のころには花園天皇の宮主であり、更に貞和四年(一三四八)十月、北朝の崇光天皇の践祚とともに、天皇の宮主となっているのであって、兼好の家系は京都在住の神祇の家であったといってよいわけである。なお兼好の兄大僧正慈遍は、天台の学に深く、後醍醐天皇のお思召しによって興国元年(一三四〇)『豊蘆原《とよあしはら》神風和記』三巻を撰進し、また『旧事《くじ》玄義』などの著があると伝えられている。かたがた知識人の家であったといえるわけである。

もっとも、以上のことは、近時鎌田元雄氏の調査(「兼好の周辺」(『文学』第三十巻十号))によって分明になった点が多く、『尊卑分脈』には、彼の祖父や、父については、それぞれ「右京大夫」「治部少輔」と肩書があり、また兄兼雄についても、「民部大輔」とあ

卜部氏系図（『続群書類従』）

- 平麻呂（従五上、神祇権大祐、母、改中臣姓、為卜部、）
  - 豊宗
    - 好真
      - 兼延（長上、神祇伯、一条院被染宸筆被下兼字、）
        - 兼忠（神祇伯、長上、）
          - 兼親
            - 兼政
              - 兼俊
                - 兼康
                  - 兼貞
        - 兼国（神祇大副、平野社、）
          - 兼宗（神祇大、平野社、）
            - 兼時（神祇少、平野社、）
              - 兼友（正四下、神祇大、平野社預、）
      - 兼茂（神祇大副、長上、）
        - 兼直（神祇大副、長上、七朝侍読、）
          - 兼藤（神祇少副、長上、）
            - 兼益（神祇権大副、長上、）
              - 兼夏（神祇権大副、長上、）
                - 兼豊（神祇大副、長上、）
                  - 兼熙（正三位、神祇大副、長上、着直衣、）
        - 兼名（従四下、右京大夫、）
          - 兼顕（治部少輔、）
            - 慈遍（大僧正、着直衣、南朝詔、）
            - 兼雄（従五下、民部大輔、）
            - 兼好（蔵、左兵衛佐、以俗名為法名、）

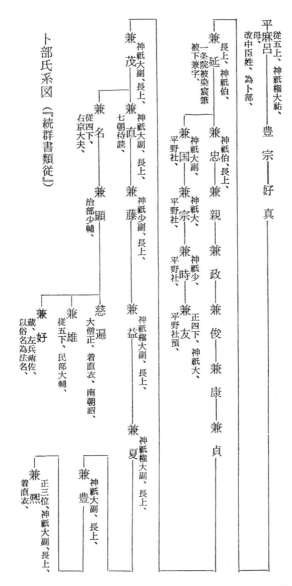

るのであって、特に神職についての注記はない。今この注記を信じると、彼等は神祇の家職の傍ら、官吏としての位置をも兼ね持っていたとも考えられるのである。

兼好の生年

さて兼好の生年は明らかでないが、大体弘安の初年（一二八〇ころ）のことと考えられる。十三世紀の末、鎌倉時代の後半で、後宇多天皇の御治世、鎌倉幕府では北条時宗が若き執権として、来寇した元兵を悉く敗没せしめた弘安の役のころである。

堀川家の諸大夫

若い日の兼好については、『正徹《しょうてつ》物語』が、「久我《こが》か徳大寺かの諸大夫《しょだいぶ》にてありしなり」と伝えているのが有名だが、これは兼好伝の究明によって、風巻景次郎氏が久我家であり、それも久我家の内の堀川具守家の諸大夫であったと推定したことが信じられている。この堀川家と卜部家との関係については、卜部家は、その宗家《そうけ》は吉田神社の社務職を世襲し、その分家は平野社を預っていたのであるが、この平野社については、『廿一社本縁』にも「源氏之長者管二領之一」とあるように、鎌倉時代には、源氏の氏神として源氏の管領下におかれていたらしく、堀川家はその源氏の長者と目《もく》せられていたことを思うと、一応あり得べきことと考えられるのである。

大覚寺・持明院両院迭立の時代

このころは、大覚寺・持明院両統迭立《てつりつ》の時代である。この両統迭立のことは、早く後嵯峨院崩御の時にその兆が見えたが、事実上に現われて来たのは、文永十一年(一二七四)正月後宇多天皇の践祚に当って、後深草上皇の御子熈仁《ひろひと》親王（伏見天皇）の立太子のことがあった時であり、ここに大覚寺統である後宇多天皇の一派と、持明院統である伏見天皇の派との対立が現われたわけである。爾来二十七年を経た正安三年(一三〇一)八月、後二条天皇の践祚に続いて、伏見天皇の第二皇子富仁親王(花園天皇)の立坊を見るに至って、両統迭立という形が、確定的な事実となったといえるのである。兼好の二十代初頭のことである。

しかし事実は、この両統迭立のことは更に紛糾《ふんきゆう》するのであって、この二派迭立

大覚寺統の二派分立

の一方の大覚寺統が更に二派に分かれるに至るのである。すなわち徳治三年（一三〇八）八月二十五日、後二条天皇の崩御の後、花園天皇の即位となるが、その時、後宇多上皇は後二条天皇の御子邦良《くにな》親王の立坊を望まれ、亀山法皇は後二条天皇の御弟尊治《たかはる》親王（後醍醐天皇）の立坊を望まれたのである。従って一応尊治親王の立坊となるが、しかしその立坊に当って、尊治親王の後は邦良親王によって継がれることに定められたわけである。ここに大覚寺統の中にまた尊治親王派と邦良

皇室系図

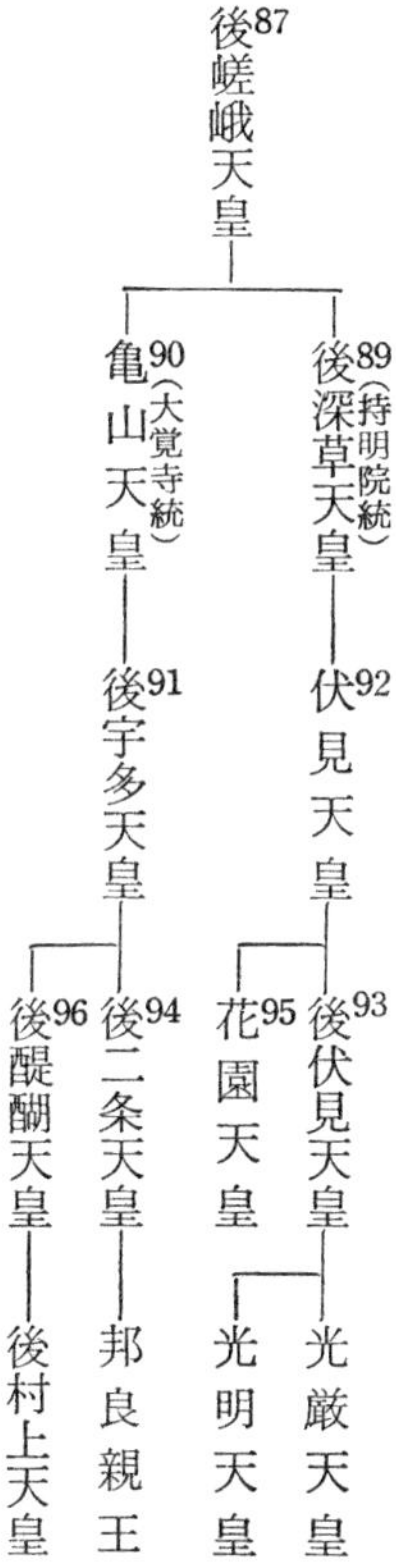

親王派との二派分立が現われたのである。これが兼好の二十代中ごろのことである。この朝廷の二派分立は、公家の二派分立であり、社会万般の二派分立であったわけである。公家のうち最も勢力のあった西園寺家は実氏（西園寺家）と実雄（洞院家）との二派に分かれて、しかも巧みに両統に交渉し、和歌の家もまた二条・京極と分かれて、それぞれ大覚寺・持明院統に和歌の師として出仕した。寺院も武士も官吏も、時代が後の南北朝対立の時程には深刻化していないにせよ、それぞれその去就《きょしゅう》を定むべきことを求められていたのである。

堀川具守

さて兼好が仕えていた堀川具守家は、このうち、大覚寺統の中でも、後二条天皇派に属する家である。具守《とももり》は堀川の相国《しょうこく》、すなわち太政大臣基具の嫡子であるが、彼が大納言の時、その女基子が後宇多天皇の寵を得て、弘安八年（一二八五）二月二日、その腹に第一皇子邦治（後二条天皇）が生まれたわけなのである。これはこの堀川家が皇室との姻戚関係を持った始めであり、しかも最後のことであったようである。しかし当時、基具は准大臣、具守は権大納言であり、基子の位置が低いので、後深草天皇の皇女姈子《れいし》内親王（後の遊義門院）が迎えられて弘安八年八月十九日皇后となり、この邦治親王の准母となることによって形はつけられたのであるが、しかし事実において後宇多天皇の御寵愛はこの基子に深く、やがて後二条天皇崩御の後に至って、延慶元年（一三〇八）十二月二日、遂にこの基子は、御出家直後、先帝の国母として西華門院と呼ばれることになり、また父の具守も内大臣となったわけなのである。もっともこれは正和二年（一三一三）十二月二十六日任で、後の話ではあるが。

兼好の宮歴

さて『尊卑分脈』の系図によると、兼好には、「蔵、左兵衛佐」と肩書されている。これによって考えると、兼好はこの堀川具守家の諸大夫であったが故に、後二条天皇に奉仕し、その宮廷にあって蔵人をつとめたものと考えられるのである。諸大夫というのは、四位・五位を極位《ごくい》とする家柄であるが、それは公卿には

堀川系図

- 源通親（久我中院流・土御門内大臣）
  - 通具（堀川流）
    - 具定
    - 具実（内大臣、正二位、）
      - 基具（太政大臣、従一位、）
        - 具守（内大臣、従一位、）
          - 具俊
            - 具親（内大臣、従一位、擬祖父子、）
          - 基子（西華門院）（後宇多妃 後二条母）
        - 基俊
  - 通光（久我中院流）
  - 定通（土御門）

なり得ないが、しかし宮中昇殿の資格を得るに至る可能性はある家柄で、兼好もまたその家の出として、後二条天皇の朝廷に六位の蔵人として出仕したものと考えられる。

そして徳治三年（一三〇八）八月二十五日、後二条天皇の崩御にあうまでの間に、六位の蔵人としての勤務年限六年を終えて、更に左兵衛佐に任ぜられたものと考えられるのである。それは、徳治二年（一三〇七）で二十代中ごろのことと推定できるわけである。『兼好家集』を見ると、徳治三年十月改元して、延慶元年十二月、亡帝の御母西華門院が後二条天皇の御菩提を弔うために、御筆跡の裏に御経を書かれた折、兼好にも歌を召されたことが記されている。彼はその時、

制作年代の明らかな最古の兼好の和歌

夢《に》逢《ふ》恋

うちとけてまどろむとしもなきものを　あふと見つるやうつつなるらむ

と詠んでいる。これはその制作年次の明らかな彼の歌の中、もっとも古いものであるが、後二条天皇崩御のことは、兼好にとっては忘れがたいものであったにちがいないのである。

さて、後二条天皇崩御後の兼好の生活、すなわち、二十代後半以後の様子は明

らかでないが、なお二―三年は宮廷に出入していたものかと思う。『徒然草』第二百三十八段には、徳治三年九月十九日、立太子せられた尊治親王（後醍醐天皇）が万里《までの》小路《こうじ》殿の御所におられたころ、そこに祗候していた中納言堀川具親（具守の孫）の部屋に兼好が用事があって参った折、中納言が「悪《にくむ》二紫之奪《ふを》一レ朱《を》也」の句が『論語』のどの巻にあるかとの東宮の御質問に答えようとして困却しているのを見て、

兼好の素養

兼好が九の巻のその句の箇所を教えた由の自賛話が記されているが、これは兼好二十代後半のことであり、このころも宮廷に出入することがあったと考えられるとともに、またすでに早く彼の知識人としての素養の程がうかがわれると思う。

出家の年次

しかし、現存資料によると、兼好は正和二年（一三一三）三十代初頭のころにはすでに出家の身であったことは明らかなので、この点から考えるとき、彼は後二条天皇崩御ののち久しからずして宮廷を退出したが、三十代に入るころにはすでに自由な出家人となっていたと考えなくてはならないわけである。

『大徳寺文書』

この彼の出家を示す現存資料というのは、岩橋小弥太氏が「再渉鴨水記」（『史料採訪』所載）に紹介された『大徳寺文書』に見えるものである。すなわち元弘二年（一三三二）四月七日付の沙弥兼好の売券《ばいけん》および寄進状である。これは、兼好が山城国山科小野庄内の名田《みようでん》を柳殿（尼衆寺で尼宗妙を指す）の塔頭《たっちゅう》に売寄進《うりきしん》したものであるが、この寄進状に、「沙弥兼好」と記されていることが注意せられるのである。しかも、更にこの名田は兼好が正和二年（一三一三）九月一日に、六条三位有忠から九十貫文で買いとったものであるが、その六条有忠の売券と御教書《みきようしよ》も伝えられていて、そこにも兼好のことを「兼好御房《ごぼう》」と記されているのである。これらの文書所載の年次には、すでに出家していたと考えられるわけである。

三　三十代の兼好

出家の意味

兼好の出家については、古く正徹《しようてつ》が後宇多上皇の崩御（正中元年（一三二四））に結び

つけ、

後宇多院崩御なりしによりて遁世しけるなり。やさしき発心《ほっしん》の因縁なり。

（『正徹物語』）

と記し、更に中村直勝氏が、兼好の出家を後二条天皇の御子邦良親王の死（嘉暦元年（一三二六））に結び付けたりされたが、しかし、現存史料はそれらの説が、時間的に事実と齟齬《そご》したものであることを示しているので、もちろん否定せられなくてはならないわけである。もともと、彼の家集に見える歌や、『徒然草』の記事は、彼の出家がある特定の高貴の人の死に殉じたものではなく、彼の内的な要求によるものであることを示しているのである。おそらく彼は、二十代末には、すでに仕官の道を離れ、自由人としての生活、すなわち出家の道を考えたと思われるのである。

出家前後の心境

さて、兼好の出家前後の心境であるが、それはその家集に見える歌によって、

推定することができよう。すなわち、

本意《ほい》にもあらで年月へぬることを　うきながらあれば過ぎゆく世の中を　へがたきものと何思ひけむ

習ひぞと思ひなしてや慰さまむ　我身一つにうき世ならねば

世をそむかむと思ひたちし頃、秋の夕暮に

そむきてはいかなる方にながめまし　秋の夕《ゆうべ》もうき世にぞうき

世の中思ひあくがるる頃山ざとに稲刈るを見て

世の中の秋田刈るまでなりぬれば　露も我身もおき所なし

何事も程あらじと思へば

憂きこともしばしばかりの世の中を　いく程いとふ我身なるらむ

これらの歌を通して考えられる彼の心境は、広く人生をはかなみ、それに執着することを迷妄《めいもう》なりとする心と、なおこれを離脱し得ない心との相尅《そうこく》といえるであろうが、これを現世的な希望の消滅による、時代の敗残者としての心境と見るべきでないことは申すまでもないわけである。精神の自由、道に遊ぶ心は、当時としてはただ出家という形においてのみとり得ると彼には考えられたのであろう。その意味においては、この家集の和歌とともに、『徒然草』第五段の、

不幸にうれへに沈める人の、頭《かしら》おろしなど、ふつつかに思ひとりたるにはあらで、あるかなきかに門《かど》さしこめて、待つこともなく明かし暮らしたる、さる方にあらまほし。顕基中納言のいひけむ配所の月罪なくて見むこと、さもおぼえぬべし。

求道者の心

が彼の出家のよき注解となるであろうと思われるのである。ここに見える求道者《きゅうどうしゃ》の心と、芸術人としての自由の境涯への憧憬《どうけい》とは、若き日の兼好にもあったと考えられてよいであろう。

自由への憧憬

私は次のように考える。後二条天皇の崩御は、堀川家にとっても、また兼好自

身にとっても不幸な事実であったにちがいない。しかし、後醍醐天皇の立太子に当って、後宇多法皇は将来後二条天皇の御子、邦良親王を後醍醐天皇の「御子の儀」として皇太子とすることを尊治親王にお約束させた（『神皇正統記』）と伝えられているのであって、後二条天皇の崩御は兼好の宮仕えの道の完全な閉鎖ではあり得ない。現に堀川家の具守の後嗣具親は、後に文保二年（一三一八）後醍醐天皇即位とともに、邦良親王の立太子に当っては、東宮権大夫《ごんのだいぶ》に任ぜられているのである。したがって彼の出家を仕官の道の不如意に理由づけようとするならば、邦良親王の死に交渉づけなくてはならなくなるであろうが、しかも彼の出家は邦良親王の死よりも、十二―三年早いのである。一方、兼好の父兼顕については、早く後宇多天皇に宮主《みやじ》として奉仕しているし、鎌田元雄氏の調査によると、『宮主秘事口伝』（内閣文庫蔵）の記事から考えると、延慶のころまで健在であったと考証されているし、また兼好の兄、兼雄については、応長元年（一三一一）には持明院統の花園天皇の宮主であったと考えられるのであって、兼好としては、三男であり、卜部家の人でありながらも蔵人・左兵衛佐というように仕官の道に進んだが、意外な後二条天皇崩御のことに会うあたりから、仕官の道を断ち、本来の卜部家の人としての知識人としての道を求めようとの心を持ったものと思われるのである。もともと兼好は、知識人である。後の『徒然草』に見える諸種の教養や儒書・仏書の素養の芽生えは早くその二十代において得ていたもので、仕官の道以上に、自由に、知識の世界に遊び、歌僧として生きることの方に、人生の有意義な行き方を見出すように運命づけられていたとみてよいと思われるのである。そうしてまた、それだけに、彼の出家人としての完成には、相当の時日が必要であったということも認めなくてはならないわけである。

修学院籠居

さて、出家後の兼好の生活は如何。『兼好家集』を見ると、そこには修学院（現京都市左京区）籠居《ろうきょ》の歌の一聯と、比叡山横川《よかわ》隠棲の歌の一聯とが見えるが、これらはともに彼の三十代の動静を語るものにちがいない。横川隠棲の歌の一聯が、すでに出家生活に安住した心境を伝えていて、それが何年か続いたものであると思われるのに対し、修学院籠居の歌は、なお出家当初で、心の落ちつかぬ心境を見せているので、まず修学院籠居があり、次に横川隠棲のことがあったと考えられる。私は、この修学院籠居は、彼の三十代前半のこと、横川隠棲は三十代後半のことと推定してよいと思っている。今、更に想像をたくましくしていうならば、正和のころ（正和三―四年、一三一四―一五）には修学院に籠り、元応三―四年（一三一九―二〇）のころには横川隠棲をしたものといえよう。そうして、この間に彼の関東下向《げこう》のこともあったにちがいない。

いま修学院籠居の折の歌を示そう。

修学院といふところにこもり侍りしころ

のがれてもしばのかりほのかりの世に　いまいくほどかのどけかるべき

のがれこし身にぞしらるゝ浮世にも　心にもののかなふためしは

身をかくすうきよのほかはなけれども　のがれしものは心なりけり

いかにしてなぐさむ物ぞよの中を　そむかですぐす人にとはばや

それは出家後の兼好が、初めて見出した安住の地であったともいえるようである。

横河隠棲

次に横川隠棲の歌を引こう。

よ河にすみ侍りし頃霊山院《りようぜん》にて生身供《いきみぐ》の式をかき侍りしおくにかきつく

うかぶべき便りとをなれ水ぐきの　あととふ人もなき世なりとも

人にしられじと思ふ頃、ふるさと人の横河までたづねきて、よの中のことどもいふ、いとうるさし

としふればとひこぬ人もなかりけり　世のかくれがとおもふやまぢを

されどかへりぬるあといとさうざうし

山ざとはとはれぬよりもとふ人の　かへりてのちぞさびしかりける

　いかなるをりにかこひしき時もあり

あらしふくみ山のいほのゆふぐれを　ふるさと人は来てもとはなん

　それは都《と》人士《じんし》とは絶縁したかくれ家のつもりで生活していたことと考えられるが、専念の仏道修行の生活であるとともに、また自由

横川風景

な閑居を楽しむ生活でもあったと考えられるのである。しかし彼の素養はすでに認められていたので、霊山院（比叡山東塔の北谷にある）の生身供（霊山院にあった等身釈迦座像、仏師康聖造）の式を書くこともあったのであろう。

『徒然草』第二百三十八段には「人あまた伴ひて、三塔巡礼」をした時に、横河の常行三昧《じょうぎょうさんまい》院の内にあった古い額の「竜華《りゅうげ》院」という文字の筆者をいい当てた由を記しているが、このこともこの横川籠居の折の挿話であろうか。

次に、兼好の関東下向のことについて、ここで考えておこう。兼好が二度乃至それ以上の関東下向をおこなったことは、『兼好法師家集』によって明らかであるが、その初度の旅は彼の二十代末から三十代の間のことと考えて誤りないと思う。

『兼好家集』には、関東下向の折の歌を伝えているが、それらはおそらく再度の折の歌と考えられるが、その中に、

むさしの国金沢《かねざわ》（現横浜市金沢区）といふところに昔住みし家のいたうあれたるに
泊りて、月のあかき夜

ふるさとの浅茅《あさじ》が庭の露の上に　とこは草葉と宿る月かな

とあるのが注意せられるのである。これによると彼は初度の下向においても、武州金沢を中心にして、相当の期間東国にいたことが確認されるのである。そうして、この事実に関連して、今日金沢文庫に兼好の書状の懸紙《かけがみ》二枚と、この懸紙と

金沢文庫蔵兼好の懸紙と書状

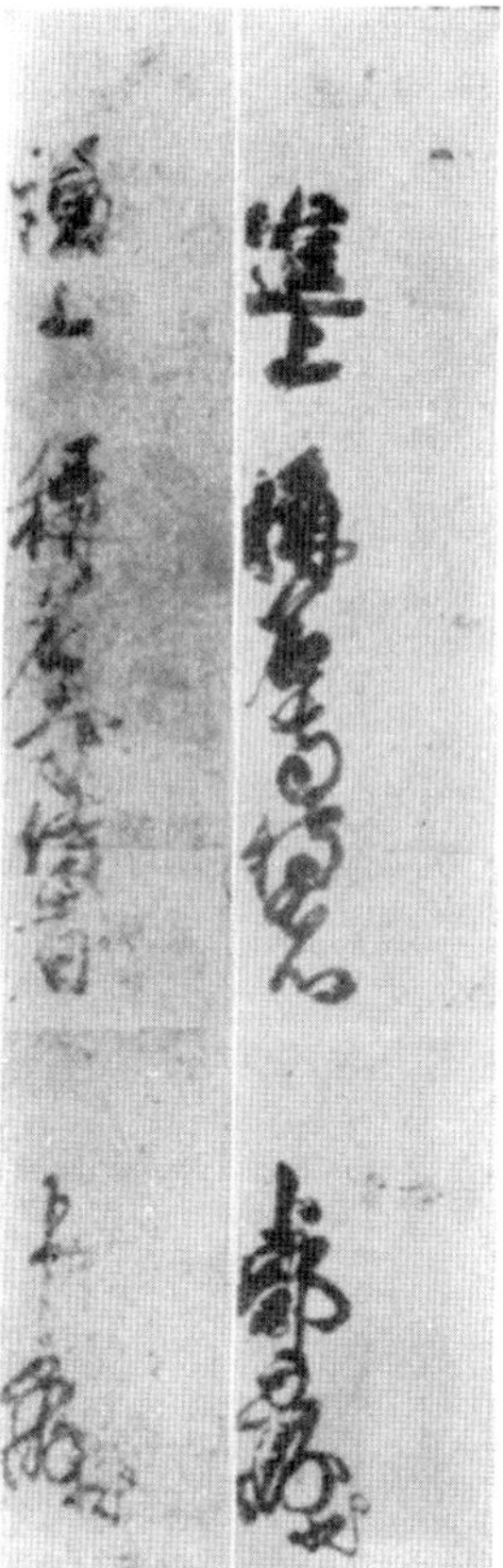

卜部兼好書状懸紙

（金沢文庫蔵）

同筆の書状の断簡などが見出されているのが興味ふかい問題を提示しているわけである。その懸紙には、

「進上（一枚は謹上）称名寺侍者　卜部兼好状」

と記したものであるが、これによると彼は金沢文庫の前身である称名寺と深い交渉があったことが推定できるのである。

東国との関連

いったい兼好と東国との関係は次の二点から考えられる。

祖父兼名

一つは、卜部兼名と関東との関係である。すでに述べたように、卜部氏の祖と伝えられる平麻呂は伊豆国の出身であるが、兼好の祖父兼名も『惟賢比丘筆記付雑抄』によると、早く関東に下向して、その地にあって活躍したと伝えられているが、このことは、兼好の関東下向には大きな関連があったと思われる。次に

堀川基俊

は、堀川家と関東との関係である。堀川具守の弟、基俊は正応二年（一二八九）九月二十八日、伊豆国を賜わり、将軍久明親王とともに鎌倉下向をし、以来関東にあっ

て権大納言として元応元年(一三一九)四月三日の薨去まで、関東に在住している。兼好がその家の家司《けいし》であった堀川家の出身の基俊のこの関東政界における存在は、これもまた兼好の鎌倉下向のこととと無関係とは考えられないようである。

ところで、彼の関東下向の時は不明であるが、金沢文庫蔵の書状断簡(『金沢文庫古文書』第五五四書状)に次のようなものがある。

金沢文庫蔵書状断簡

俊如御房上洛之便、去月十一日御状、兼好帰洛之時、同十二日禅札、

称　名　寺

各委細承候了《おわんぬ》。極楽寺長老入二御当寺《に》一目出候。又大殿《おおとの》卅三年御仏事、如法経《にょほうぎょう》以下重畳之由承候了。懇懃《こんぎん》之御追善、定不二唐捐《とうえん》一（むなしくすてる意）候歟《か》。是にも迎二当日一、修二小仏事一候了。覚守僧都為《して》二導師一、吐《と》二金玉一候き。其間子細略レ之候。

（『金沢文庫古文書』五五四、兼雄書状）

この書状については、前金沢文庫長関靖《やすし》氏はその著『金沢文庫の研究』で、この書状の中に見える「大殿卅三年」という記事を、金沢顕時の三十三年忌、すなわち金沢貞顕がその父顕時のために営んだ元弘三年（一三三三）三月二十八日の仏事をさすものと考えられ、この書状を兼雄のものと推定せられたのである。しかし近時林瑞栄氏はここに見える「大殿」とは貞顕の祖父実時をさすものと推定し、その三十三年忌は延慶元年（一三〇八）十月二十三日であり、かくて兼好は延慶元年、すなわち後二条天皇崩御の最初の秋、金沢から京洛の地をさして帰って行ったと推定したのである（『文学』昭和三十三年一月号）。この推定説を正しいとすると、兼好は早く二十代中ごろに関東下向をし、ある期間金沢の地にいたことになるわけであるが、こうした書状断片の内容については、推定説に止まるので、ここには一説として紹介するに止めたい。

なおまた金沢文庫蔵の書状断簡としては、次のものも、署名はないがその筆跡から兼好自筆と推定せられている。

雖《ども》二陳言多《しと》一、不レ載二愚状一、併《しかしながら》　下向々《こう》

顔《がん》之時、可《く》二欝散《す》一候也。

御寺付二惣別一無二子細一候覧、為レ悦候。

抑上洛已後者、雖二便宜多候一、不レ拝二恩

問一、不レ為レ献《ずることを》二愚札一候き。而故郷難レ忘

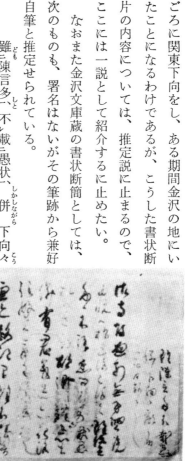

卜部兼好書状（金沢文庫蔵）

者、併有二君芳志一。亦花洛住好者、帝王隆盛故也。兼亦、路次間、雖下不レ堪二行歩一候上、於二明(名)所々々逗留一、加二一見一咸難レ彊、京着者、南都北都巡礼、莫レ不レ致二怠心一。当時者罷二住東山辺一、明夜　（『金沢文庫古文書』一二二七）

ここには、「南都北都巡礼」「東山辺に罷り住む」の語があり、一応これも彼の上洛後の様子を伝えているものと考えられるが、これについても、何時ごろのものとも確言は困難であり、諸家の推定説もあるがしばらく紹介に止めたい。

しかし、兼好と金沢の地との深い関連は注目すべきであり、この一文にも「故郷忘れ難きは」の句もあるところを見ると、彼と称名寺との関連は深いことは否定しがたい。『徒然草』には、鎌倉の海の鰹や（第百十九段）へなたりという貝（第三十四段）について語り、またこの地で年を越し、この地の師走《しわす》の晦日《みそか》の魂《たま》祭り（第十九段）についても書きとめている。また、弘安十年（一二八七）八月から正安三年（一三〇一）四月まで、鎌倉幕府の連署となっていた北条宣時（元亨《げんこう》三年（一三二三）没）とも面接している記事

（第二百十五段）も見えるのであって、彼にとって、金沢の地の滞在は大きな意味をもっていることは否定できないのである。

なお、金沢文庫には、尼随了《ずいりょう》の諷誦文《ふじゅもん》なるものがあり、

ことし故《こ》御父《てて》の七年にて候。これにても仏つくりまいらせ供養しなどし候へども、それにて形《かた》の如くもし候はぬも、心もとなく候。時にゆめ〳〵しく候へども、用途《ようとう》五ゆいまいらせ候。これにて御ときさはくらせ給ひ候て、御寺が孝養《きょうよう》して給はり候へ。これは四郎がとぶらひ候分にて候べく候。御申しあげはし候はば、うらべのかねよしと諷誦《ふじゅ》にも申しあげさせ給へ。

（『金沢文庫古文書』六一〇三）

とあり、ここに「うらべのかねよし」とあることは興味深いが、この尼随了を兼好母と考える林瑞栄氏説にもなお疑問の余地が多く、今後の研究に待ちたい。

再度の関東下向

兼好は再度の――であろう――関東下向に際して、歌友である清閑寺の道我《どうが》僧

都に会って「秋は帰りまうで来べき由」を申すと、僧都は、

　限りしる命なりせばめぐりあはん　秋ともせめてちぎりおかまし

と詠み、兼好が、

　行末の命をしらぬ別れこそ　秋ともちぎる頼みなりけれ

と返したことが『兼好家集』に見えるが、道我僧都は元応二年四月（一三二〇）撰進の『続千載集』には、「法印道我」と記されているので、これは、兼好の三十代のことでなくてはならず、私は文保（一三一七—一八）ころ、

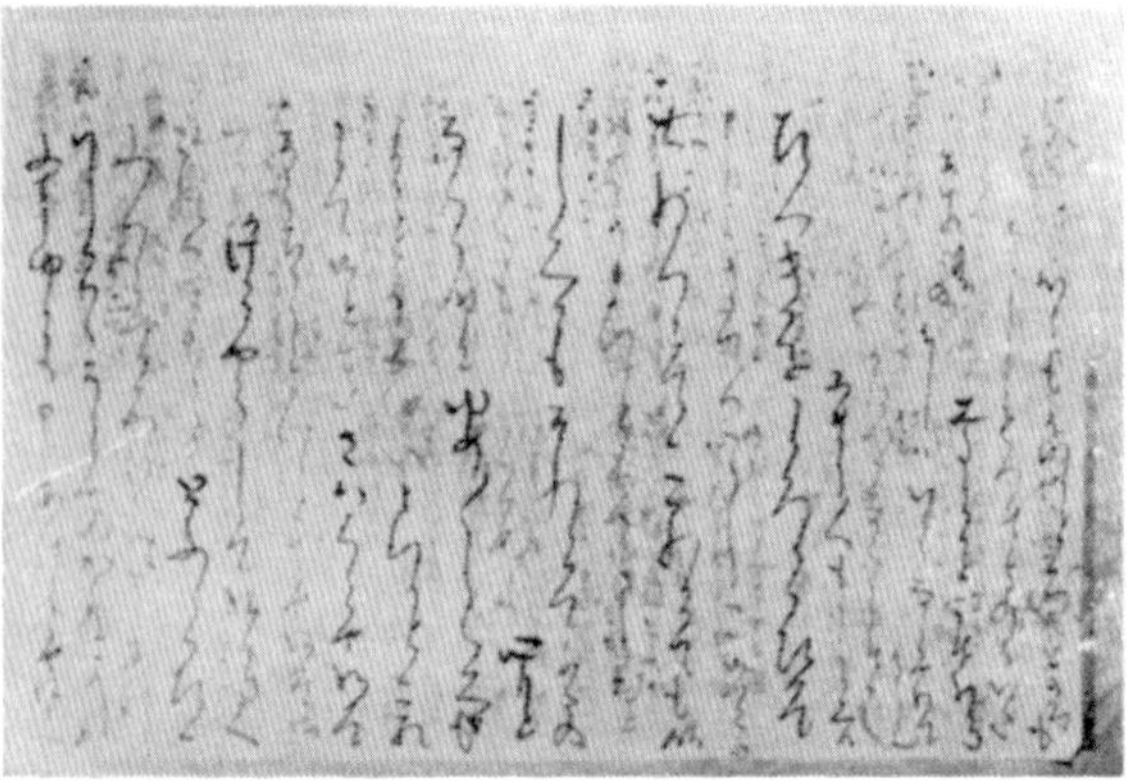

尼随了風誦文（金沢文庫蔵）

兼好三十代中葉のことと推定したいのであり、その時はすでに出家の身であったと考える。そうすると、初めの関東下向は、やはり二十代末の在俗のことと考えてよいのであろうか。

間諜説への疑問

ところで、彼の関東下向について、これを大覚寺統方の意を受けての、幕府の内偵乃至政治的目的のための旅と見る説は、早く江戸時代の野々口隆正の『兼好法師伝記考証』にも見えるが、また中村直勝氏も歴史家としての立場からその妥当を推定されている。しかし、私にはその説が妥当か否かを判定する資料を持ちあわせない。ただ、三十代以後の兼好の行き方から考えるとき、彼を大覚寺統の忠臣と見、その間諜《かんちょう》と考えることには無理があろうかと思う。少なくとも、再度の旅は多分に見学乃至修行のための旅といえそうである。

旅の歌

いま、『兼好家集』に見える旅の歌（再度の折のものであろう）を引用しておこう。

みちにてよめる

みねのあらしうらわの浪もきゝなれぬ　かはるたびねの草の枕に
あづまにてやどのあたりよりふじの山のいとちかう見ゆれば
都にはおもひやられしふじのねを　のきばの丘に出でて見るかな
海の表のいとのどやかなる夕暮にかもめのあそぶを
ゆふなぎは波こそ見えねはる〳〵と　沖のかもめのたちゐのみして
こよろぎの磯といふところにて月を見て
こよろぎのいそより遠くひくしほに　うかべる月は沖にいでにけり
むさしの国かねざはといふところに昔住みし家のいたう荒れたるに泊りて
月あかき夜
ふるさとの浅茅《あさじ》がにはの露の上に　とこは草葉と宿る月かな
さがみの国いたち河といふ所にてこのところの名をくのかしらに据ゑて旅
の心を

いかにわがたちにし日よりちりのゐて　風だにねやをはらはざるらん

清見関にて

清見潟波ものどかに晴るゝ日は　関より近き三保の松原

田子の浦

田子のあまのやくしほがまは富士の嶺《ね》の　ふもとにたえぬ煙なりけり

一年《ひととせ》夜に入りて宇津の山を越えずなりにしかば麓なるあやしのいほりにたちいり侍しを、このたびはそのいほりの見えねば

一夜《ひとよ》寝しかやのまろやのあともなし　ゆめかうつゝか宇津の山ごえ

切迫したことがあっての旅ではなく、自由な旅であったようである。

なお彼の家集には、

世をのがれて木曾路といふところを過ぎしに

思ひたつ木曾のあさぬの浅くのみ　染めてやむべき袖の色かは

この歌について、『吉野拾遺物語』は、兼好が木曾の御坂《みさか》の辺りにこの歌を詠んで庵生活をしていた時、国司が鷹狩りに来て狩する様のあさましさに、この地を棄てた由を記しているがもとより創作である。おそらく、この歌も、再度の関東下向の折のものと考えてよいと思う。

堀河具守薨ず

以上、三十代の兼好について注目すべき事件を挙げたが、この間正和五年（一三一三）正月十九日、彼の主家、源具守が六十八歳で薨じている。正月下旬、兼好は人々とともに、岩倉の山荘にこれを葬っている。その翌年春、彼はその辺りの蕨《わらび》を、延政門院一条に送って、

さ蕨のもゆる山辺を来てみれば　消えしけぶりの跡ぞ悲しき

唯一の女性

と送った由がその家集によってわかる。この一条は、彼がその家集に記した唯一の女性であるが、この女性について詳しいことは不明である。兼好の三十四歳ごろのことである。

さて、この三十代に政界は、花園天皇の御代を終って、文保二年（一三一八）二月二十六日、後醍醐天皇の践祚があり、三月九日邦良親王は十九歳で皇太子となられたわけである。京都にはようやく大覚寺統の庇護下にある二条派歌壇の活潑な動きの機運が現われ出してくるわけであるが、それがやがて横川《よかわ》に隠棲中の兼好を京都に呼び戻すことになったと考えられるのである。

三　四十代の兼好

歌人としての兼好

三十代の兼好を語って、主としてその出家と旅とについて述べたが、ここで歌人としての兼好について、まず考えておきたい。

兼好の和歌で、初めて勅撰集に見えるのは、元応元年（一三一九、兼好三十六歳）八月四日撰進の『続千載集』に載った一首がそれである。この『続千載集』は、二条派の為世の撰であるが、これは後醍醐天皇の践祚とともにその勢力を高めた二条派歌道の勃興を記念するものである。この時、兼好と並んで当年の緇流《しりゅう》歌人である頓阿《とんあ》・慶運・浄弁も初めてその名を勅撰集に現わすわけであるが、これはいずれも為世を取り巻く歌人連である。

『兼好家集』によると、彼が後宇多院から歌を召されていることが見える。

　後宇多院より詠める歌ども召され侍りけるに奉るとて僧正道我《どうが》に申しつかはし侍りける

人知れず朽ちはてぬべきことの葉の　あまつ空まで風に散るらん

　返し　　僧正

ことわりや天つ空より吹く風ぞ　森の木の葉をまづさそひける

この時には同様頓阿も百首歌を召された（『草庵集』巻九雑による）のであるが、おそらくはこの『続千載集』撰進の時のことと考えて大過ないであろう。おそらく道我僧正のとりなしで、横川の彼にも和歌を召されたのであろう。

これより前、後宇多院は文保二年(一三一八)正月十一日、和歌会始の席に、緇流歌人、頓阿・浄弁・慶運を召されているが、この時は兼好は召されていない。この事実は、兼好がこれらの人々より歌人として、その名声が劣るためではなく、彼が関東下向の旅にあったか、あるいは横川にいて、在京していなかったためと見るべきであろう。

元亨に入るとともに、亀山殿において、引き続いておこなわれた和歌御会は数多い。元亨元年(一三二一)亀山殿五百首、元亨二年亀山殿千首、元亨三年六月七日亀山殿七百七首、同八月十五日夜後宇多院にて月五十首などがそれで、やがて元亨三年七月二日、前権大納言藤原為世に勅撰集撰進の勅が下るわけであって、二条家の活動の時機の到来である。こうした歌壇の状勢が横川に隠棲していた兼好を都に招いたわけであるが、兼好自身もまたすでに自在な心境を得て、ようやく人間社会にその微笑を見せるべき心境に立ち至っていたものと思われる。

私は、彼が都に出てくるのは元亨も二年（一三二二）に入ってのことと推定している。それがこの京都歌壇における二条派歌壇の活潑な動きによるだけに、四十代以後の彼には歌人としての面が大きく現れるわけである。

彼は、かつて奉仕した後二条天皇の御忘れ形見、時の東宮邦良親王の御もとに参上している。

前坊（邦良親王）御前、月の夜権大夫《ごんのだいぶ》さぶらはせ給ひて、御酒《みき》など参りて御連歌ありしに、候《さぶら》ふよし人の申されたりければ、御さかづきを賜はすとて

まてしばしめぐるはやすき小車の

と仰せられて、「つけて奉れ」と仰せられたりしかば、たち入りて逃げんとするを、長俊朝臣（五辻（いつつじ）少将藤原長俊）に引きとゞめられしかば

かかる光の秋にあふまで

邦良親王

と申す。

この「権大夫殿」とは、源具親であり、かつての主、具守の孫であるが、父夭《よう》死《し》のためその後継者となった人である。この人は、当然後二条天皇の崩御の後、御子邦良親王に奉仕したわけであるが、この人がいま歌僧兼好がたまたま来ていることを邦良親王にお伝えし、兼好が御前に召されることになったわけである。これは、旧主の邦良親王に兼好をお引き合わせする意味もあったにはちがいないが、また兼好がすでに歌僧として有名であったからにちがいないと思われる。なお彼の、邦良親王の歌会における歌としては、元弘三年秋の五首、正中二年春の歌合の歌二首などが挙げられる。

歌人としての交遊範囲

いったい『兼好家集』を通して考え得る彼の交渉範囲は、この邦良親王を中心としての方々が主たるものである。後二条天皇の第二皇子、邦省《くにやす》親王（家集には花町殿として出る。なお「弾正宮《の》」という名が家集に見えるが、これを邦省親王を指すとみる説もあるが、むしろ後宇多法皇の猶子《ゆうし》忠房親王を指すものと考えるべきである）の許《もと》にも和歌を奉っており、後二条天皇の第五皇子聖尊法親王（遍智院《の》宮として家集に出る）からも、和歌を召されているのである。また中御門入道大納言藤原経継の白河の山荘の歌会にも出、小倉大納言（実教）とも親しい関係にあることが家集でわかる。この経継は後二条天皇・邦良親王の重臣であったが、のち邦良親王の薨去とともに出家した人である。また実教は西園寺流の洞院家の庶流であるが、この人も邦良親王の春宮《とうぐう》大夫であった公賢《きんかた》の叔父で、後宇多院とは従弟の関係でもあり、かたがた後二条・邦良親王の線に遠い人ではないわけである。京都に出た彼の交わる社会は、やはり本来の彼の出自《しゅつじ》によって区切られているといわなくてはならないわけである。しかし、そうはいっても、彼は後宇多院の皇弟、青蓮院《しょうれんいん》二品《ほん》親王（慈道法親王）・大覚寺二品親王（寛尊法親王）・後二条天皇の皇弟、西林院宮（承覚法親王）からも歌を召されているし、更に、後伏見天皇の第四皇子、梶井の宮（尊胤法親王）にも歌を召されていることが家集でわかるのであって、そうした点はむしろ彼が歌人として、一応こうした方々の間に認められていたためと考えるべきであろう。

なお、このころの私撰集である『続現葉和歌集』（正中元年冬成立と考えられる）『臨永和歌集』（元弘元年夏成立と考えられる）を見ると、前者には彼の歌が見えるのに対し、後者には彼の歌が見えないのであるが、この事実は『続現葉和歌集』が、邦良親王を中心としてその周囲の人々の歌を集めた歌集であるに対し、『臨永和歌集』は後醍醐天皇を中心とした歌集であることによるのであって、このことは逆に元弘以前にあっては、兼好は後醍醐天皇中心の歌会には縁遠く、主として邦良親王一派に親昵《しんじつ》していたことを語っているとみられるのである。

ところで、兼好が何時ごろから二条為世に師事したかは明らかでないが、早く二十代のころのことであろう。彼と二条家との交遊は、為世・為藤・為定の三代にわたっているわけで、この歌人としての生活は、実は兼好の生涯において、極めて重要な部分をなすことであるわけである。が、そうした面があらわに彼の生活の上に現われてくるのは、四十代以後のことなのである。

歌壇の状勢

ここで一応当時の歌壇の動静について考えておくことが便宜であると思う。兼好二十代の京都歌壇は、二条派と京極派の対立抗争の時代であったといえる。弘安十年(一二八七)伏見天皇の即位とともに、その謀臣として次第に勢力を得ていった

京極家

京極為兼は、歌壇の家、京極家の出として、為家の説を直伝《じきでん》したものと称し、宮廷歌壇において勢力を得ていたが、仁安六年(一二九八)事に座して、一度は佐渡に流され、皇室においても正安三年(一三〇一)後二条天皇の即位とともに、この度は二条

二条家

派が勢力を得、二条為世によって嘉元元年(一三〇三)十二月九日、『新後撰集』が撰ばれたわけである。かくて大覚寺統は二条派、持明院統は京極派という形が出来たわけであり、以後この両家は皇室における両統の盛衰とその勢力を平行するこ

とになるわけである。

兼好が二条為世に師事したのは、彼が後二条天皇の宮廷の蔵人であったということから当然と考えられるが、実は彼が二条派の歌人として、優れた才能を持っていたということが、四十代以後の兼好の生涯には、もっとも重要な事項となるわけである。

さて、嘉元元年閏四月五日、為兼が佐渡から召還せられると、ここに目覚しい為兼の活躍が始まるのである。たまたま、後二条天皇の崩御があり、花園天皇の

御子左家（二条家・京極家・冷泉家）系図

俊成―定家―為家
- （二条）為氏―為世
  - 為通―為定
    - 為貫
    - 為遠
  - 為藤―為明
  - 為冬―為重
- （京極）為教―為兼
- （冷泉）為相―為秀

即位があって、ふたたび持明院統の院政が始まると、この伏見法皇の信任第一の謀臣である為兼は大納言として、政治家としての勢力も西園寺家のそれに匹敵《ひってき》したとまでいわれたが、歌人としても公然と『新後撰集』に激しい非難を加え、ここに二条・京極両派の抗争が表立って来たわけである。延慶三年（一三一〇）この両者が勅撰集撰者のことについて、ともに訴陳状《そちんじょう》を出して争ったが、結果は為兼の勝利に帰し、

『玉葉和歌集』

『玉葉和歌集』が為兼の独撰によって成ったのである。その完成は正和二年（一三一三）十月のことである。兼好が仕官の道を去って、出家人としての道を歩み始めたころのことである。

京極為兼の失脚

しかし、こうして京極派の勝利と見えた歌壇も、正和四年（一三一五）十二月二十八日、為兼が幕府に対し異図ありとして、突如六波羅に拘せられ、土佐配流《はいる》の悲運に落ちることによって、状勢は一変する。この為兼の失脚は、全く政治上の事によるものであって、それは西園寺実兼の讒言《ざんげん》によるものともいわれている。かく

二条家の全盛

て、文保二年(一三一八)二月の後醍醐天皇の践祚の前後から、二条家全盛の時代が来たわけである。二条家の庇護者である後宇多上皇の御意志によって、翌々元応二年八月、為世独撰による『続千載集』の奏覧がある。そして、更にそれに引続いて再度の勅撰集撰進を前にして二条派歌壇は全盛期を迎えたといってよいわけである。兼好は、こうした時に京都にその姿を現わしたわけなのである。

『続千載集』

二条家説の受講

ところで、ここに近時田中道雄氏によって注目すべき資料が紹介されたのである(「兼好の受講について」(『佐賀大学文学論集』4号所載))。それは細川文庫蔵、三条西実隆筆『古今和歌集』の奥書であるが、その中に、

申㆓請御証本㆒書写点校了

元亨四年十一月十六日　　兼好判

正中元年十二月十三日以㆓家説㆒

授㆓兼好㆒了　　前亜相判

と見えるのである。これによると、元亨四年(一三二四)十一月十六日、兼好は二条家証本によって、『古今和歌集』を書写し、加点・校合《きょうごう》をしており、更にその十二月十三日には、前亜相すなわち二条為世によって、兼好の『古今集』家説の受講が終っていることがわかるのである。『古今集』の書写は、この受講のためのものであると考えられるが、とにかくこの時兼好は、二条家の当主から二条家の正説を授けられているわけである。

『古今集』の書写

さて、この元亨四年歳末というのは、実は二条家にとっては危期ともいうべき時なのである。前述したように、この前年元亨三年七月『続後拾遺集』撰進の命が為世に下ったが、為世は老年の故にその任を子息為藤に譲ったのであるが、翌元亨四年六月二十五日には、二条家の保護者ともいうべき後宇多上皇が大覚寺殿に崩御あり、更に翌七月十日には為藤が五十歳で死去したわけである。当時七十五歳の為世の嘆きは大きかった。早く長子為道を失っていたが、今この為藤の死にあった心境は想像にかたくないし、また二条家そのものの嘆きでもあった。『増鏡』に伝えるところによると、為世は末子為冬を寵愛して、この際撰集の仕事を為冬にさせようと考えたというが、為藤は生前、故為道の次男為定を寵愛し、自分の子としていたので、この為定はこのことを恨み嘆いて、一時は山伏姿で修行と称して姿を消したともいう。しかし結局為冬が退き、為定が為藤に代って勅撰の仕事を続けたことになったわけで、為定は当時三十七歳であった。こう考えると、兼好に対する為世の『古今集』の授講は、こうした際為世が二条家一門の振興のための方法であったとも考えられるわけである。この時、二条家門の第一人者ともいうべき頓阿は、早く元応二年(一三二〇)七月二十六日為世から古今伝授を得ていたのであったが、為藤の死を悲しむあまり、一度は歌道を放棄しようと思い為世の慰留によって翻意したともいわれている。この時は、兼好とともに二月《ふたつき》早く、十月十三日浄弁律師が『古今集』の授講を得ているのである。

このたびの『続後拾遺集』には、兼好の歌は一首載った。頓阿・浄弁は二首である。

四十代初頭、都に出で立った兼好には、二条派歌人としての責任が重く加えられていたといわなくてはならないわけである。そして、この四十代以後の兼好にとっては、二条派歌道の擁護者としての仕事が離れられないものとなったといえるようである。

二条派歌道の擁護者

以上、歌人としての兼好について述べたが、一方、兼好を迎えた京洛の地は、政治的にも平穏な地とはいえなかったのである。それは正中元年六月二十五日の後宇多法皇の崩御と共に、次第に不穏の度を増して行くが、更に正中三年三月二十四日皇太子邦良親王の薨去があり、同年七月二十四日持明院統の後伏見天皇の皇子量仁《かずひと》親王(光厳天皇)の立太子のことあるに及んで、遂に爆発寸前に立ち至るのである。この邦良親王薨去のことは、邦良親王一派にとっては大きな嘆きではあったが、しかしこれによって一応大覚寺統のうちにおける、後二条天皇・邦良親王派対後醍醐天皇派の対立は、ここに解消したわけである。しかしそのあと、後醍醐天皇の皇子の立太子のことなく、持明院統の皇子の立太子のことがあったについては、当然後醍醐天皇の御不満が強く、時勢は漸く急迫を告げて、後醍醐天皇対鎌倉幕府の関係は、正に来るべき元弘の乱の前夜の状態を呈するに至るのである。

正中の乱

後醍醐天皇の武家幕府討伐の運動は、早く元亨の初めから始まっている。その謀臣の首魁《しゅかい》が藤原資朝と日野俊基である。その資朝は早く元亨三年、三十四歳の身で柿の衣に綾藺笠《あやいがさ》という修験者の姿に身を変えて鎌倉下向をし、勤王の遊説に勤めたというが、この謀議は発展し、正中元年六月二十五日に後宇多法皇の崩御とともに、いよいよ切迫し、美濃の武士、土岐頼兼・多治見国長らの入京となり、同九月二十三日の北野祭の混雑を機会に急拠六波羅を襲撃し、南都北嶺《れい》の力を合わせて、討幕の軍を起こそうとした。しかし国長の一族、舟木頼春の密告で、事は事前に洩れて、十九日、頼兼・国長は四条の宿舎に六波羅勢の襲うところとなって自害し、資朝・俊基は捕えられて鎌倉に下される身となったのである。この時は資朝が罪を一身に背負ったのか、俊基は放免され、彼の身のみが佐渡に流罪《るざい》となって、一応落着したのである。これが正中《しょうちゅう》の乱といわれるもので、この計画は失敗に終ったが、しかしこれによって後醍醐天皇の北条氏追討の御企が中止したわけでは、もちろんない。兼好は、この革新派貴族の第一人者ともいうべき藤原資朝について、『徒然草』に、その持つ彼の旧習打破の現実主義的生き方に同感のことばを書いているが、それは兼好がこの正中の乱の謀議に同感したことを示すものではないことはいうまでもない。ただ彼は、この時代の革新的貴族の批判精神に好意を持っていたまでであろう。

さて、嘉暦《かりやく》元年(一三六)十月、天皇は当時問題となった関東調伏《ちょうぶく》の流言について、勅書をもって関東に陳じ給うことがあったが、このころから時勢はすでに京都・鎌倉の衝突の避くべからざることを示していたのである。そして、それからわずかに四年半、元弘元年(一三三一)五月、後醍醐天皇の討幕の御計画は、このたびもまた事を起す前に、北条高時によって押えられ、藤原俊基・僧文観《もんかん》・円観などが捕えられ、同月二十四日には、天皇は神器を奉じて俄かに奈良に潜幸し、更に八月二十七日、笠置寺に移られ、ここに元弘の乱が起ったわけである。翌九月二十日には北条高時は後伏見上皇の御子光厳天皇を擁立し、ここに両朝対立が始まったわけである。この間の事態は相当複雑であって、翌元弘二年三月には後醍醐天皇は隠岐に移され、以来翌元弘三年にかけての勤王の武士の蜂起《ほうき》となり、元弘三年五月二十一日、新田義貞の軍によって鎌倉幕府は攻略せられ、高時以下自尽し、北条氏はここに滅亡し、いわゆる建武中興が成るわけであるが、これが兼好法師の四十代末から五十代に入ろうとする時の事件なのである。

『徒然草』の成立

ところで、兼好の『徒然草』の成立は、ちょうどこの元弘の乱勃発の直前、元徳二年（一三三〇）十一月から翌元弘元年十月までのことと考証せられているが、これはその間に執筆されたというよりも、このころに一応現存の形において、『徒然草』が出来たという意味に考えてよかろう。

『徒然草』成立年次の問題は、江戸時代の研究家の説もあるが、今は橘純一氏の説（『つれ〴〵草通釈』下巻「徒然草の執筆された年代」）によって記したのである。しかし『徒然草』については、これが短い期間に執筆されたものではなく相当長期にわたって書かれたものを、ある期間に現存の形に纏めたものとの感銘は捨てがたく、またこの随筆が一度成稿を得た後にも増補されたり、削除されたりしようとした段もあったろうし、また訂正の筆の加えられたことは、彼の『自撰家集』に多くの見せ消ちの訂正のあることからも想像できる。その意味でこの橘説にしても、そこには、その結論と矛盾する章段——例えば第百三段の「大納言公明卿」の項など、——もあって、この期間に成ったとしても、更に後の加筆があるであろうことも認めなくてはならず、その意味では、この『徒然草』の成立過程は、書誌的には、問題は複雑であると考えられるのである。

おそらく、この元弘の乱の時代には、兼好のみならず、当年の緇流《しりゅう》歌人、頓阿・浄弁・慶運などは、政治的にはこの時代の動きには全く没交渉であったにちがいない。もちろん、それは時代の動きに無関心であったという意味ではないが、実際的な動きとしては、彼らは何等の政治的役割をも持つものではなかったという意味なのである。おそらくは、京都の地にあって、この動乱を傍観するにとどまったのであろう。

彼の主家ともいうべき堀川家は、邦良親王の薨去の後は、皇室との密接な関係は切れたといってよい。具守の後を継いだ具親は、邦良親王の薨去の時は三十三歳、権大納言であったが、元徳元年(一三二九)十一月には大納言に進み、南北朝時代に入っては、北朝に仕えて暦応《りやくおう》二年(一三三九)十二月二十七日には内大臣に任ぜられ、翌三年七月、息具雅の早世にあって出家しているのであって、この元弘の乱の時の消息は明らかでないが、適当にその身を処理していたであろう。また彼が歌道において師とする二条家も、特にこの事件に深い交渉を持とうとしなかったようで、ただ、為定は一時元弘二年四月鎌倉方に捕えられるが、直ちに赦《ゆる》されているのであって、兼好が特にこの事件に深い交渉を持つべき理由はないのである。また『徒然草』成立後の彼、すなわち元弘二―三年の風雲急な時に、彼が東国下向を企てたのではなかろうかとの説もあるが、もとより信ずべきではない。

『兼好家集』には、前述の延政門院一条との次の和歌の贈答が記されている。

延政門院一条時なくなりて、あやしきところにたち入りたる由を申しおこせて

思ひやれかゝるふせ屋の住居して　昔をしのぶ袖の涙を

返し

しのぶらむ昔にかはる世の中は　なれぬふせ屋の住居のみかは

延政門院は元弘二年二月十日崩御あったので、これは、元弘の乱のころの贈答歌らしく、兼好は在京したと考えてよかろう。また『続草庵集』に見える、頓阿との贈答歌、

世の中しづかならざりし頃、兼好の許より、「よねたまへぜにもほし」といふことを、くつかぶりに置きて

よもすゞしねざめのかりほ手枕も　ま袖も秋にへだてなき風

返し　よねはなしぜにすこし

よるもうしねたくわがせこはては来ず　なほざりにだにしばしとひませ

も、このころの、二歌僧の生活を伝えたものといってよいのであろう。

双岡の無常所

この期の最後に双岡《ならびのおか》の無常所について書いておこう。『兼好家集』に、

ならびの岡に無常所まうけて、かたはらに桜を植ゑさすとて

ちぎりおく花とならびの岡のべに　あはれいく夜の春をすぐさむ

と見える。これによると、兼好が仁和寺の近くの双岡にしばらく住んだということはいい得るようである。

仁和寺の法師

『徒然草』には、仁和寺の法師についての面白い話が書かれている。足鼎《あしがなえ》をかぶってとれなくなった不幸な僧の話（第五十三段）、稚児との別れの宴会を企画してとんだ失敗をした僧の話（第五十四段）などである。こうした話

仁和寺山門

双岡の粋法師

を彼が仁和寺近くに住んだから耳にした話と考えることは、早計に過ぎようが、こうした話の存在を見ると、彼が『徒然草』執筆ごろに仁和寺近くに住いしていたろうと考えたくはなるのである。江戸時代人は彼を「双岡の粋《すい》法師」と呼んだが、それも一概に不当とはいえないわけである。しかし現実の問題としては、貞享のころ（一六八四―八八）この「契りおく」の歌の碑を種に、宣伝これ努めたらしい、双岡の麓の長泉寺の住職、

双岡遠景

利微あたりの宣伝よろしきを得たための命名らしいのである。この長泉寺は、今は尼寺で、兼好法師像（裏に「兼好像　徳潤摸二刻之一」と朱書がある）と、貞享五年六月五日参議左大弁藤原俊方の奥書のある『徒然草』、貞享二年書写の『兼好家集』、別に「兼好自筆」と称する和歌の巻物がある（この「兼好自筆」はもちろん偽作である）。そして寺の裏庭には「契り置く」の歌の碑もあるが、もとより近世の好事の徒によって作られたものである。

兼好が、いつこの双岡の無常所を設けたかは不明だが、そして前著では、頓阿の仁和寺草庵との関連から、兼好晩年のこととも考えたが、今は四十代と見てもよいかと思っているのである。

四　五十代の兼好

元弘三年五月二十一日の北条高時以下の自刃により、急転直下京都には後醍醐天皇を中心とする華々しい新政が始まる。六月五日には後醍醐天皇の車駕《しやが》が二条富小路殿《とみのこうじどの》に還御、十月には記録所・雑訴決断所・武者所も設置せられ、翌年一月二十三日、恒良《つねなが》親王の立太子があり、二十九日建武と改元された。いわゆる建武中興である。

千首和歌詠進

翌建武二年(一三三五)内裏において、公卿らが題を分かって、千首和歌詠進のことがあったが、兼好もまた和歌詠進の光栄に浴したわけである。家集には、その折の歌が七首見える。

建武二年内裏にて千首歌講ぜられしに題をたまはりてよみてたてまつりし七首

春植物

久方のくもゐのどかにいづる日の　光ににほふ山桜かな

夏植物

ほとゝぎすまつとせしまに神なびの　森の木ずゑはしげりあひにけり

秋天象

よもすがら空ゆく月のかげさえて　あまの河せや秋こほるらむ

冬天象

霜さえし矢田野の浅茅《あさじ》うづもれて　ふかくも雪のつもるころかな

恋天象

あまのすむさとのけぶりのたちかへり　おもひつきせぬ身をうらみつゝ

恋植物

いたづらになき名ばかりをかりごもの　うきにみだれてくちやはてなん

雑地儀

せり川のちよのふるみちすなほなる　昔の跡はいまやみゆらん

兼好の歌は、この輝かしい新政の初めにふさわしい祝意と歓喜とを示している。
この時の後醍醐天皇の御製は、

身にかへて思ふとだにもしらせばや　民の心のをさめがたきを

（『新葉集』十八、雑下）

足利尊氏も遠く東国より詠進し（『新千載集』十六、雑上）、為世・為定はもとより頓阿・浄弁もまた歌を奉っている（『草庵集』『藤葉集』）。

再度の二条家説の受講

さて、この建武中興は、そのこと自身が時代に逆行した動きであっただけに、わずかに三年、早くも足利尊氏を中心とする武士たちによって破壊せられて、建武三年八月十五日には尊氏の意志によって光明天皇の践祚となり、京都は混乱し、その十二月二十一日には後醍醐天皇は吉野へ潜幸し、ここに南北朝時代が始まるわけである。

この間の兼好の動静については、建武三年三月十三日、二条為定から兼好が重ねて『古今集』の家説を受講していることが、細川文庫蔵『古今和歌集』奥書によってわかるのである。

次いで、建武三年（延元元年（一三三六））三月二十一日、彼が一条猪熊旅所で、京極入道中納言（定家）自筆の青表紙本『源氏物語』を、堀河左府俊房の黄表紙本に対校したことがわかっているのである（池田亀鑑『源氏物語の研究』による）。そして、更に、延元二年三月二十五日には順徳院宸筆の御本によって『八《や》雲《くも》御《み》抄《しょう》』を校合し（久曾神昇著『校本八雲御抄とその研究』による）、更にまた翌延元三年閏七月九日には正本をもって自筆の『古今和歌集』を校合している事実もわかっているのである。

こうしたことは、兼好が建武三年から延元三年に至る間、京都にあって『源氏物語』や『古今集』の校合に従事していることを示すわけである。二条為定によって再度『古今集』の授講を受けていることと結びあわせて、彼が都にあって、静かに二条家歌人として、種々努力していたことを推定させるのである。

『兼好家集』によると、建武三年春の為定邸の歌会に彼は出席をしているが、それはこの『古今集』受講のころのことでなくてはならない。この年一月にはすでに新政府に反旗を翻がえした尊氏が、京都に攻め入り、新田義貞の軍と闘い、九州に退去しているのであり、四月三日には再び、勢力を得た尊氏が博多を発し、鞆《とも》(広島県福山市)にまで進出し、その六月二十五日にはこの足利勢を迎え討った楠木正成が湊川に討死し、義貞は京都に退いたという混乱の時なのである。そうした際に、兼好が京都にあって、二条家歌人として歌道に精進しているという事実は、当年の兼好のあり方をもっともよく示すものであると思う。

これについで、二条家では延元三年(建武五年(一三三八))八月五日には、二条家の主、為世が八十九歳の高齢で没しており、同五年には為親(為定の実兄)の死があったが、長く二条家と結びついていた大覚寺統の御方々が吉野に移られ、それと行《こう》をともにせず京に留ったこととて、二条家には当然沈滞の空気が濃かったわけである。

五　晩年の兼好

高野山金剛三昧院奉納和歌

六十代の兼好について、まず挙げ得る事実は、彼が康永三年(一三四四)十月八日、足利直義が高野山金剛三昧院に宝積《ほうしゃく》経を献納した時、その裏に足利尊氏・直義・高《こうの》師直以下二十八人の、南無《なむ》釈迦《さか》仏《ふつ》全《せむ》身《しむ》舎利《さり》の十二字を首句に冠した和歌百二十一首を各々自筆で認めた中に、兼好の名を見出すことである。すなわち、

む

むさしのや雪ふりつもるみちにだに　まよひのはてはありとこそきけ

し

しばの戸に独すむよの月の影　問《とふ》人もなく指《さす》人もなし

り

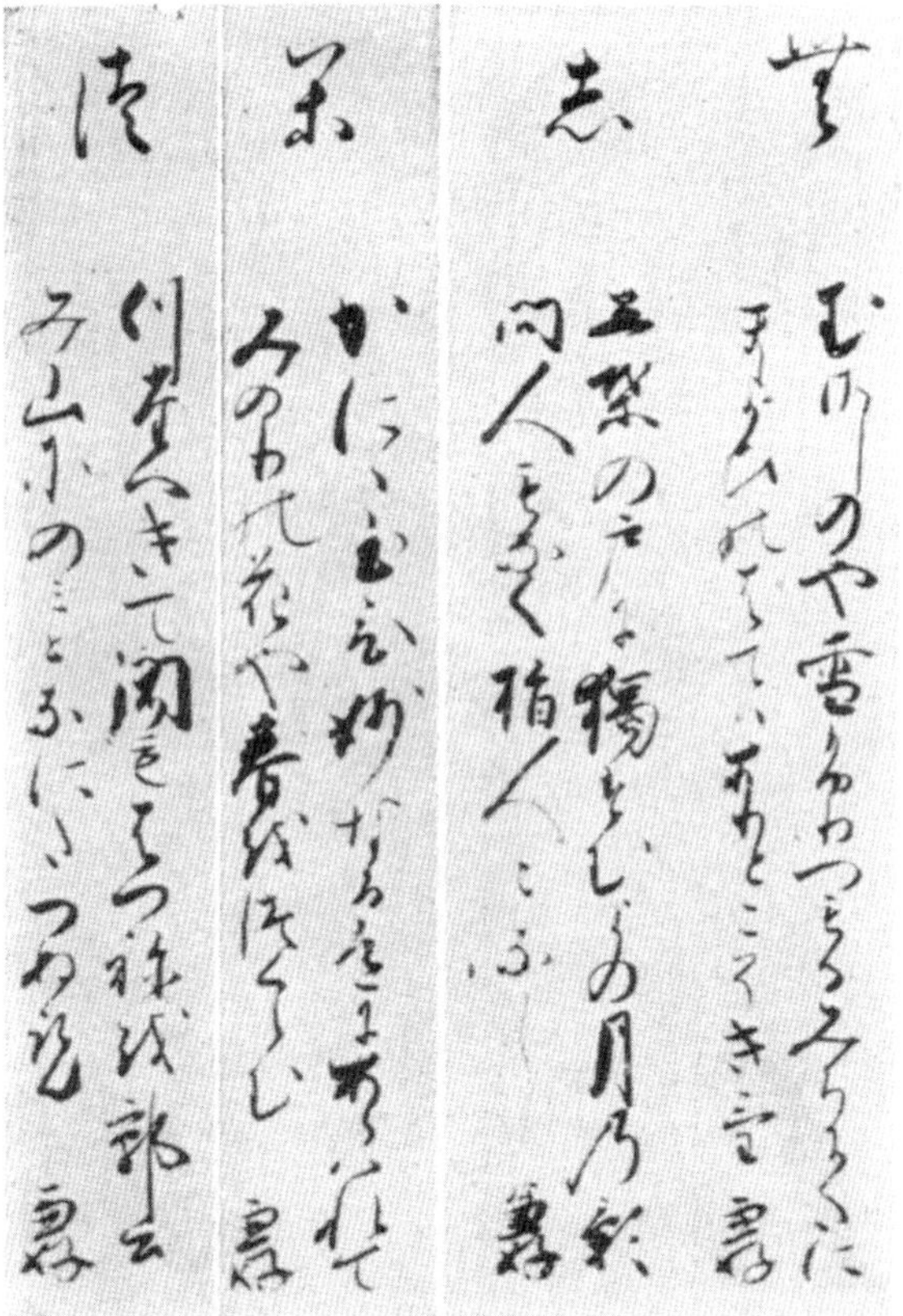

卜部兼好金剛三昧院奉納短冊

理即より究竟《くきょう》にいたる仏こそ　ひとつこころの玉と見ゆらめ
か
かににほひ妙《たえ》なる色にあらはれて　みのりの花や春をつぐらむ
つ
つたへきて聞もはつねを郭公《ほととぎす》　み山にのみとなにたづぬ覧

（自筆短冊による、挿図参照）

兼好時に六十二歳。この短冊五枚は自筆『自撰家集』とともに、兼好の筆蹟を伝える主要なものである。

ところで、この時には、二条為明（為藤の男）・頓阿・兼好・浄弁・慶雲の名も見出せるわけであるが、このことは、二条派の歌人と足利氏との接近を語っているようである。

大覚寺統が吉野に移ってからは、何といっても、京都は、持明院統の花園・光厳両上皇の時代である。京極派歌風がここに再びその勢力を伸ばし、二条派は一応沈淪《ちんりん》するわけであったが、さすがに康永も終りのころになると、彼らは、次第にその権威回復に努めたようである。この康永三年閏二月十二日の持明院殿和歌御会御《ぎょ》遊始《ゆうはじめ》には、二条家の為定・為明・為忠（為明の弟）、冷泉家の為秀が出席しているが、この席で二条家の講誦人は為定の詠歌を大臣同様に三反誦した由が『園太暦』に見える。またこの年小倉実教の手によって私撰集『藤葉和歌集』が成っているが、これは二条家歌風のものといってよいのである。そうした努力は、また当然この時代の新しい権力者としての、足利尊氏・直義兄弟との近接に向けられているのであって、頓阿は特に尊氏の信任を得、貞和《じょうわ》元年（一三四五）には、為定が尊氏に三代集の相伝《そうでん》をおこなっているのである。

兼好を含む二条派の緇流《しりゅう》歌人が、この足利家の宝積《ほうしゃく》経書写に、仏名和歌の歌人として選ばれたのもこうした二条家の動きの結果と考えられるのである。

『近来風躰抄』の記事

次に、兼好について伝え得ることは、彼が貞和のころ、為定中心の毎月三度の月並百首の歌会の常連となっているという事実である。それは貞和二年(一三四六)からおこなわれたもののようであるが、二条良基の『近来風躰抄』に次のように見える。

貞和の比《ころ》は、毎月三度の月なみ百首の会、為定大納言の点又判などにて侍りしなり。その時の会衆は皆名誉の人々にてありしなり。家の人には為忠・為秀卿定衆にて侍りし。為明卿は時々交り侍しなり。頓阿・慶運・兼好定衆にて所存を申侍りしなり。斎藤道英などは勿論なり。門真・霜台《そうたい》入道・頓阿などもよませ侍りし。其比は頓・慶・兼三人、いづれも上手といはれしなり。頓阿はかゝり幽玄に、すがたなだらかにことぐしくなくて、しかもうたことに一かど珍らしく、当座の感もありしにや。為定大納言はことの外に慶運をほめられき。兼好は此中にちとおとりたるように人々も存ぜしやらん。されども人の口にある歌どもおほく侍るなり。「みやこにかへれはるのかりがね」、此うたは頓も慶もほめ申き。ちと俳諧の躰をぞよみし、それはいたくのこともなかりしなり。云々《うんぬん》。

これによると、兼好は頓阿・慶雲と並んで、二条家歌人の「上手」であったという評価があったわけであるが、この「都に帰れ春のかりがね」の歌というのは、

いとせめて恋ひしき頃はふるさとの　霞の衣かへるかりがね

の歌である。『古今集』恋の部の「いとせめて恋ひしき時はぬばたまの　夜の衣を返してぞぬる」を本歌としたもので、俳諧の体といわれてもよい、洒脱《しやだつ》な技巧の歌である。

『風雅集』撰進の議おこる

思うに、この貞和の歌会というのは、『園太暦』によると、貞和元年四月十七日、和歌集勅撰の議があり、このたびは光厳上皇御自撰のお考えらしく、武家輩の和歌は勧修寺《かんじゆじ》経顕に、その他については、洞院公賢と冷泉為秀がとりまとめる

ようにとの命があったと伝えて、これが『風雅集』撰進の御下命の第一段階のことと思われるが、こうした歌壇における、北朝方を中心にした動きと交渉のある歌会と思われるのである。

公賢邸訪問

さてこの『風雅集』のための和歌のとりまとめ役となった公賢は、かつて邦良親王の東宮大夫を務めた人、当時左大臣の重職にあった人であるが、この公賢を、兼好が貞和二年閏九月六日に訪問しているのである。公賢の日記『園太暦』には、

晴陰不レ定。兼好法師来。和歌数寄者也。召二簾前一謁レ之。

とある。これは兼好が公賢を訪ねた最初のようであるが、その用件は、同月十日におこなわれた持明院殿百首披講に関する用件であったかとも思われるが、明らかでない。しかしとにかくそれは「和歌数寄者」と呼ばるべき兼好にふさわしい用件であったと、私は考える。

『兼好自撰家集』

現存の『兼好法師家集』は、自撰自筆の前田家蔵本が伝わっているが、それに

よると、二百八十五首（この中、兼好自身の歌は二百七十四首）の和歌を集めたものである。その成立年次は、貞和元年四月以降貞和二年十二月四日以前と考えられ、それは、この『風雅集』撰進を前にして、兼好自身が自分の作品を整理したものと考えられるのである。そうすると、この時兼好によって、自撰家集が公賢に提示されたと考えることも許されるのではなかろうか。しかしこれはもとより一つの推定説に止まる。

『風雅集』には兼好の歌は、一首載っている。頓阿もまた一首であるが、これは『風雅集』が京極家歌風だけに傾いてはいないにしても、京極家歌風を支持した北朝方の撰であるから、穏当のことであるといってよかろう。

とにかく、兼好のこのころの生活は、「和歌数寄者」であり、足利家と交渉を持っていたと考えることは許される推定のようである。というのは、この十一月二十七日から十二月八日にかけて、彼は三宝院の賢俊僧正の伊勢下向に随伴しようとしているのであり、やがて貞和四年十二月二十六日には、高師直に近侍していると考えられるからである。

『賢俊僧正日記』

金子金治郎氏の調査によると、三宝院法務僧正賢俊の日記の裏書に「勢州下向人数」との記事があり、そこに「兼好不慮ニシテ相伴フ」とあるという。この賢俊は当時足利幕府で重用されていた人物であり、この伊勢下向の時も、尊氏・直義がこれに託して、太刀・神馬を奉納しているのである。

師直と兼好

また『園太暦』貞和四年十二月二十六日の条には、

天晴。兼好法師入来。武蔵守師直狩衣以下事談レ之也。今度被レ用二正慶符一、彼符趣示聞了。

と見える。これによると、兼好は、時の権力者高師直のために、その着用すべき狩衣について、公賢と打ち合わせのため訪問しているのである。高師直は、北条氏討伐に京都にあって功あり、武蔵守となったが、足利尊氏の執事として、当時の大権力者である。彼はこの年の正月十一日には、四条畷《なわて》で南朝方と戦って、楠木正行を破り、死に至らしめ、更に二十八日には吉野に攻め入って、皇居に火を放ちこれを焼き、蔵《ざ》王《おう》堂をも烏《う》有《ゆう》に帰せしめている。このころは、師直の全盛期である。『太平記』によると、彼はその性驕慢《きょうまん》・放肆《ほうし》で女色を好んだというが、それも事実であろう。この貞和四年より二年後、観応二年（一三五一）二月二十六日には、上杉顕憲《あきのり》のために殺されている。恐らくは、兼好は、このころはその有職《ゆうしょく》の才を買われて、高師直に近侍していたと推定してもよいであろう。そして、そうした晩年の兼好を想像することは、実は必ずしも兼好のために不名誉なことというべきではなく、むしろ当年の文芸人の一つの姿として興味をもって考えるべきことのようにも思えてくるのである。

艶書代作事件

　ここで、何人も思い合わすのは、『太平記』第二十一巻所載の、兼好の艶書《えんしょ》代作の話である。長い文であるが引用したい。江戸時代以来兼好を論ずるものが常に問題とする話だからである。

其比《そのころ》師直ちと違例《ゐれい》の事有て、且《しばら》く出仕をもせで居たりける間、重恩の家人《けにん》共是を慰めん為に、毎日酒肴《さかな》を調《ととのへ》て、道々の能者《のうしや》共を召集て、其芸能を尽させて、座中の興をぞ促《もよほ》しける。或時月深《ふけ》夜閑《しづまつ》て、荻の葉を渡風身に入《しみ》たる心地しける時節《をりふし》、真都《しんいち》と覚都検校《かくいちけんげう》と、二人つれ平家を歌《うたひ》けるに、(中略) 師直も枕をしのけ、耳をそばだて聞《きく》に、簾中《れんちゆう》・庭上諸共《もろとも》に、声を上《あげ》てぞ感じける。平家はてて後《のち》、居残《ゐのこつ》たる若党・遁世《とんせいの》者共、「さても頼政が鵺《ぬえ》を射たる勧《けん》賞《じやう》に、傾城《けいせい》を給《たまはり》たるは面目なれ共、所領か御引出《おんひきで》物かを給《たまは》りたらんずるには、莫太劣哉《ばくたいのおとりかな》。」と申しければ、武蔵守聞もあへず、「御辺《ごへん》達は無下に不当なる事を云《いふ》物哉。師直はあやめほどの傾城には、国の十箇国計《ばかり》、所領の一二三十箇所也とも、かへてこそ給《たまは》らめ。」とぞ恥《はぢ》しめける。

かゝる処に、(中略) 侍従《じじゆう》と申《まうす》女房、垣越《かきごし》に聞《きい》て、後《うしろ》の障子を引あけて限り無く打笑《わらう》て、「あな善悪《さがな》無の御心あて候や。事の様《やう》を推量候に、昔の菖蒲《あやめ》の前は、さまで美人にては無《なか》りけるとこそ覚《おぼえ》て候へ。楊貴妃《やうきひ》は一笑《ひとたびゑめ》ば六宮《りくきゆう》に顔色無《なし》と中候。縦《たとひ》千人・万人の女房を雙《なら》べ居《す》へて置れたり共、あやめの前誠に世に勝《すぐ》れたらば、頼政是《これ》を引《ひき》かね候べしや。是程の女房にだに、国の十箇国計《ばかり》をばかへても何か惜《をし》からんと仰《おほせ》候はば、先帝の御外戚早田宮《はやたのみや》の御女《むすめ》、弘徽《こうき》殿《でん》の西の台《たい》なんどを御覧ぜられては、日本国・唐土《たうど》・天竺《てんぢく》にもかへさせ給はんずるや。」（中略）と云戯《いひたはむれ》て、障子を引立て内へ入《いら》んとするを、師直目もなく打笑《わらう》て、「暫《しば》し。」と袖をひかへて、「其宮はいづくに御座候ぞ。御年は何《いか》程に成せ給ふぞ。」と問けるに、侍従立留《たちとどまつ》て、（中略）「出雲の塩冶《えんや》判官に、先帝より下されて、賤《いやし》き田舎《ゐなか》の御棲《おんすまひ》にのみ、御身《おんみ》を捨《すて》はてさせ給ぬれば、只王昭君《わうせうくん》が胡《こ》国《こく》の夷《えびす》に嫁《か》しけるもかくこそと覚《おぼえ》て、見奉《たてまつる》も悲くこそ侍りつれ。」とぞ語《かたり》ける。

武蔵守いとどうれしげに聞竭《ききつく》して、（中略）「詮《せん》なき御物語故に、師直が違例《ゐれい》はやがてなをりたる心ちしながら、又あらぬ病の付《つき》たる身に成《なつ》て候ぞや。さりとては平《ひら》に憑《たのみ》申《まうし》候はん。此女房何《いか》にもして我に御媒《なかだち》候てたばせ給へ。さる程ならば所領なりとも、又は家の中の財宝なり共、御所望《ごしよまう》に随《したがつ》て進《まゐら》すべし。」とぞ語《かたり》ける。侍従の局は、思寄《おもひよら》ぬ事哉《かな》。只独《ひとり》のみをはする人にてもなし。何《なに》としてかく共申出《いつ》べきぞと思ながら、事の外《ほか》に叶ふまじき由をいはば、命をも失《うしなは》れ、思《おもひ》の外《ほか》の目にもや合《あは》んずらんと恐《おそろ》しければ、「申《まうし》てこそ見候はめ。」とて、先づ帰りぬ。（中略）彼《かの》女房の方に行《ゆき》向ひ、忍《しのび》やかに、「かやうの事は申出《いだす》に付《つけ》て、心の程も推量《おしはか》られ進《まゐら》せぬべければ、聞《きき》しばかりにてさて有《ある》べき事なれ共、かゝる事の侍《はんべ》るをば如何《いか》が御計《はからひ》候べき。」（中略）と、様々書《かき》くどき聞ゆれ共、北の台《たい》は、「事の外《ほか》なる事哉。」と計打《ばかりうち》わびて、少《すこし》も云寄《いひよる》べき言葉《ことのは》もなし。さても錦木《にしきぎ》の千束《ちつか》を重《かさね》し、夷心《えびすごころ》の奥をも憐《あはれ》と思《おもひ》しる事もやと、日毎に経廻《へめぐり》て、（中略）「責《せめ》て一言《ひとこと》の御返事をなり共承《うけたまはり》候へ。」と、兎角云恨《とかくいひうらみ》ければ、北の台もはや気色《けしき》打しほれ、「いでや、ものわびしく、かくとな聞へそ。哀《あはれ》なる方に心引《ひか》れば、高志《たかしの》浜のあだ浪に、うき名の立《たつ》事もこそあれ。」と、かこち顔也。侍従帰《かへつ》て角《かく》こそと語りければ、武蔵守いと心を空《そら》に成《なし》て、度重《かさな》らばなさけによはることもこそあれ、文《ふみ》をやりてみばやとて、

能書の遁世者

兼好《けんかう》と云《いひ》ける能書《のうしよ》の遁世者《とんせいしや》を呼寄て、紅葉重《もみぢかさね》の薄様《うすやう》の、取手《とるて》もくゆる計《ばかり》にこがれたるに、言を尽してぞ聞へける。返事遅しと待処に、使帰り来て、「御文《ふみ》をば手に取ながら、あけてだに見給はず、庭に捨《すて》られたるを、人目にかけじと懐《ふところ》に入帰り参《まゐつ》て候《さふらひ》ぬる。」と語りければ、師直大《おほき》に気を損じて、「いや〳〵、物の用に立《たた》ぬ物は手書《てかき》也けり。今日より其兼好法師、是へよすべからず。」とぞ忿《いかり》ける。

薬師寺公義

かゝる処に薬師寺《やくしじ》次郎左衛門公義《きんよし》、所用の事有《あつ》て、ふと差出《いで》たり。師直傍《かたはら》へ招て、「爰《ここ》に文《ふみ》をやれ共取ても見ず、けしからぬ程

に気色《けしき》つれなき女房の有《あり》けるをばいかがすべき。」と打笑《わらひ》ければ、公義《きんよし》、「人皆岩木《いはき》ならねば、何《いか》なる女房も慕《したふ》に靡《なびか》ぬ者や候べき。今一度御文を遣されて御覧候へ。」とて、師直に代て文を書けるが、中々言《ことば》はなくて、

返すさへ手やふれけんと思《おもふ》にぞ　我文《わがふみ》ながら打《うち》も置《おか》れず

押返《おしかへ》して、媒《なかだち》此文を持《もち》て行《ゆき》たるに、女房いかが思《おもひ》けん、歌を見て顔打あかめ、袖に入て立けるを、媒《なかだち》さては便《たよ》りあしからずと、袖を引《ひか》へて、「さて御返事はいかに。」と申ければ、「重《おもき》が上の小夜衣《さよごろも》。」と計《ばかり》云捨て、内へ紛入《まぎれ》ぬ。暫くあれば、使急《いそぎ》帰て、「かくこそ候《さふらひ》つれ。」と語《かたる》に、師直うれしげに打案《うちあん》じて、軈《やがて》薬師寺を呼寄せ、「此女房の返事に、『重《おもき》が上の小夜衣と云捨て立れける。』と媒《なかだち》の申は、衣小《きぬこ》袖《そで》を調《ととのへ》て送れとにや。其事ならば何《いか》なる装束なりともしたてんずるにいと安かるべし。是は何と云心ぞ。」と問はれければ、公義、「いや是はさやうの心にては候はず、新古今の十戒の歌に、

さなきだに重《おもき》が上の小夜衣《さよごろも》我妻《わがつま》ならぬ妻な重《かさね》そ

と云歌の心を以て、人目計《ばかり》を憚《はばかり》候物ぞとこそ覚て候へ。」と、哥の心を尺《しやく》しければ、師直大《おほき》に悦《よろこび》て、「嗚呼御辺《ああごへん》は弓箭《ゆみや》の道のみならず、歌道にさへ無雙《ぶさう》の達者也けり。いで引出物《ひきで》せん。」とて、金作《こがねづくり》の団鞘《まるさや》の太刀一振《ひとふり》、手づから取出して、薬師寺にこそ引れけれ。兼好が不祥《ふしやう》、公義が高運、栄枯一時に地を易《かへ》たり。

兼好のための弁解

この説話については、江戸時代においても、『扶桑隠逸伝』は兼好一生の過錯《かさく》なりと惜しみ、『春湊浪話《しゆんそうろうわ》』は、吉野朝に心を寄せた兼好が、ために足利家の内に乱れの起こるはしと喜んで、好んで書いた反間苦肉《はんかんくにく》の策と論じ、また『先進繡像玉石雑誌』は、『太平記』に見えた艶書代作の法師は同名異人にすぎないと論じ、常に兼好のために弁解がましい筆を取っているのである。しかし、事実において、前述の『園太暦』の記事が高師直と兼好との交渉を記し、またその家集を見るとき、兼好がたびたび和歌の代作をしていることは見出せるので、――これは必ずしも兼好に限ったことではなく、当年の歌人の家集には、代作した由の詞書をしたものは少なくない――その点からいうと、にわかに『太平記』のこの説話を、兼好に不似合と断じることは不可と思われる。

ただし、この『太平記』の伝えている塩冶《えんや》判官《はんがん》の事件は、暦応《りやくおう》年間のことで、『太平記』によると高師直の邪恋を退けたあと、高貞は、高師直が足利尊氏・直義に、高貞隠謀の企てある由の讒言を運《めぐ》らしている由を聞いて、「とても遁《のが》るまじきわが命なり。さらば本国に逃下って旗挙げをしよう」と決心して、若党を伴って都を落ちることになっていて、その都を出奔したのは、史実としては、暦応四年(一三四一)三月二十四日のことなのである。とするとこの兼好の艶書代作事件は暦応四年秋のことで、それは兼好五十九歳の時のこととなり、『園太暦』の伝える貞和四年の記事からは、七年前のことになるのである。この艶書代作事件に出ている薬師寺公義（出家して元可《げんか》という）の歌「返すさへ手やふれけんと」は、現存の『元可法師集』にも見え、この『太平記』の話をその点からは、一概に虚構とはいえないとの説（島津久基氏の「兼好と元可」）もあるが、この艶書代作事件を『太平記』の記す通りとすると、一度は師直の怒りに触れたはずの兼好が七年にわたって師直に近侍したことになるわけで、その点からいうと、『太平記』の記述には、兼好に関する限りは、相当の虚構もあるかと思われるのである。私はただ、この事に近いことが兼好にあったろうが、それは別に兼好のためにさまで苦にすべき伝えでもないと言いたいのである。

私はそうしたことよりも、この一文で、「能書遁世者」という兼好の紹介のことばを興味ふかく思うのである。この南北朝の動揺した時代において、和歌数寄者の二条家の歌僧が、こうした役割をも分担し、このころから存在したであろう似非《えせ》連歌師のように扱われていることに注意したいのである。兼好は『徒然草』

に猫またの話（第八十九段）を書いている。そこに出て来る連歌師は、当時武士をも含めた広い階層に流行した連歌という遊戯的文学の点者《てんじゃ》という仕事を糊《こ》口《こう》の資としたあやしげな大衆相手の民間連歌師であるが、兼好はこの連歌師を嘲笑的な色合をこめて書いているが、兼好自身がまたここでは笑いの対象にもされているわけである。「能書の遁世者」ということばには、幇間的な役割を持った似非連歌師に対すると同じような、軽蔑のひびきもあるようにも思えるのである。しかし現実においては兼好は、そうした時代なるが故に、いよいよ真面目に、わが伝統的文芸である和歌の正しいあり方に心からの苦心を払っていたということは、ここで十分注意しなくてはならないと思う。

兼好とその周辺の歌人について、正徹《しょうてつ》は、次のように伝えている。

歌は極真に詠むは道たがふまじきなり。されどもそれはたゞ勅撰の一体にてこそ侍れ。さしはなれて堪能《たんのう》とはいはれがたきか。これはたゞ流にわかれしからかやうになりて来れるなり。為兼は一生の間つひに只足をもふまぬ歌を好まれしなり。同時に為世はいかにも極真なる体をよまれしほどに、頓阿・慶雲・浄弁・兼好などいひし上手も、みな家の風をうくるゆへに、極真の体をのみ此の道の至極と任してよみ侍りしかば、このころよりも歌損じけるなり。流にわかれざりし以前は、三代ともに何のていをもよまれしなり。

兼好は、とにかく二条家歌風の本道に立ち、道に忠実な歌人であったことは、信じなくてはならないと思う。そうした彼が、この艶書代作事件の伝説故に、歌人としての品位までも疑われるのはもとより穏当ではないと思われるのである。観応(一三五〇)に入っての兼好についても、今日三つの事実が発見されている。観応元年といえば、兼好六十八歳である。

玄恵追悼詩歌

その一つは、観応元年四月下旬、その春寂した玄恵《げんえ》法印の五旬の忌に当って、その追悼のために、有範・尊氏以下三十二人が「聴講金剛経詠」の詩歌を詠んだが、その中に兼好の和歌二首が見出せ、また八月為世十三回忌歌二首があること。

『続古今集』書写

もう一つは、翌観応二年十二月三日、彼が『続古今集』を書写していることである。それは伝為家筆といわれる『続古今集』の写本（薄金年子氏蔵）の奥書に、「正平六年辛卯十二月三日感得此本。秘蔵々々。兼好」とあることによって証明されているのである。

二条良基の百首の点

そして第三は、兼好が『後《ご》普《ふ》光《こう》園《えん》院《いん》殿御百首』（『続群書類従』所収）に点を加えていることである。後普光園院殿とは二条良基のことであるが、これには頓阿六十八首、慶雲七十一首、兼好四十二首の合点《がてん》があり、判詞《はんし》は頓阿が記し、観応三年八月二十八日の日附の頓阿の跋《ばつ》があるものである。すなわち、これによると、兼好は観応三年秋にはなお生存していたことになるわけである。

兼好伝記資料の最後

この三つの資料を最後に、以後の兼好について伝えたものはないのであるが、この観応三年は、推定年齢七十歳に当るわけである。

さてここで、私は、この資料によって、二条良基と二条家との関係を考えておかなくてはならないと思う。二条良基は、はじめは後醍醐天皇に仕えたが、後に北朝に仕えて、内大臣・右大臣を経て、貞和二年(一三四六)二月末、関白に任ぜられて以来、政治界に勢力あっただけではなく、博識な文芸人として、和歌・連歌界の最も有力なパトロンであった人である。彼は、初めは二条家歌風に好意を持ち、頓阿を援けて二条派歌風の復興を図ったのであって、この『御百首』の合点が、頓阿を中心に、兼好・慶雲によっておこなわれていることは、それを示すのである。が、しかしまた一方、このころから次第に冷泉為秀が、歌壇に進出し、二条良基の信頼を得ていったことが注意せられるのである。

ここで、私は再び当時の歌壇について一言しておかなくてはならない。というのは、兼好について、彼が晩年冷泉為秀に同感追随したという伝えがあるからである。

貞和四年七月二十四日、雑及び神祇・釈教の三部が成って、ここに北朝の勅撰集『風雅集』の完成を見たことは、すでに言った。しかして、この勅撰集の撰進には二条家歌人は加わらなかっただけに、京極家の全盛、二条家の沈淪を示しているようではあるが、その間、この歌集撰進に加わった冷泉為秀の進出が注意せられてよいのである。

為秀の父為相《ためすけ》は、晩年を鎌倉にあって、その地の歌会の指導に当っていた人で、このことが冷泉歌風と武人とを結びつけたのであるが、その子為秀の歌風も、二条家が伝統的優美に執着し、歌調と歌詞の美しさを重視するのに対して、むしろ実生活・実体験を歌うことを大切と説いて、その点、京極派と近い彼の歌風は、京極派の歌風を支持する北朝の御方々にも受け容れられたものと思われるのである。

今そうしたことを考えると、やがて為秀の進出が見えてくるのは不思議ではな

冷泉為秀と兼好

いのである。

兼好が晩年冷泉為秀に同感追随したという伝えは、為秀の忠実な弟子、今川了俊が、その著『了俊歌学書』(後の命名)に記しているところである。すなわち、

為世卿の門弟等の中には四天王とかいひて、かれらが哥《うた》ざまを、薬師寺・中条・千穐・烁山などといひし人々、小師の如くに信ぜしかども、故為秀卿の弟子になりにき。其の四天王は、浄弁・頓阿・能与・兼好等なり。浄弁は失《う》せにしかば、其の子慶運、其の子基運、頓阿、これら皆為秀卿の弟子になりてはてにき。兼好、能与は早世して跡なくなりしかども、存命の時は、兼好法師は為秀卿の家をばことの外に信じて、後撰集・拾遺集をも為秀卿の家本申し出て、うつしなどせし事、我等見及しぞかし。かれらが申ししは、「古今の説の事は、昔為氏卿・為世卿三代の時、為相卿と問答に、一天下の隠れなくなりて侍りしかば、今更二条家を改むべからず。さりながら、今此の御

門弟に参りて直に説をうけ給ふに、かの説はあさまになりて侍る」とぞ、此の法師等は申し侍りし。

（『了俊歌学書』）

これは、冷泉家の歌風を絶対的に信奉していた了俊のことばであるので、そこに多少の割引きは必要であろうが、兼好が、晩年に為秀のことばに同感追随するに至ったということは一応否定しがたいようである。しかしてそれは、時間的にいうならば、時代が下って、兼好の七十代後半のことではなかろうかと思う。というのは、もしこの了俊の一文をそのまま信じると、頓阿も為秀に弟子入りしたというが、頓阿が『新千載集』を撰んだのは、延文四年（一三五九）であり、二条家の為定はその翌延文五年三月没である。頓阿の為秀への追随があったとしても、この時以後であったと考えなくてはならないし、また事実において、為秀の勢威が歌壇を圧倒したのは、貞治（一三六二）に入ってからと見なくてはならないのである。とすると、兼好の為秀への追随は大体貞治以前で、兼好は、頓阿・慶雲の弟子入りしたころには既に在世しないので弟子入りするには至らなかったと考えられるのである。そして兼好の没年は貞治以前で、推定年齢は八十歳以前ということになるのであるが、彼の八十代生存の実証的な資料はもとより皆無なのである。

さて兼好の没年については、かつては『大日本史料』が、『諸寺過去帳』の中の法金剛院の過去帳によって、「観応元年四月八日寂」としたのが信ぜられていたが、昭和二十九年十一月、『国語と国文学』誌上に次田香《か》澄《すみ》氏が、前述の薄金年子所蔵の『続古今集』の「正平六年辛卯《しんぼう》十二月三日云々」の奥書を兼好自筆と断定せられることから、この『諸寺過去帳』そのものを疑問視し、調査の結果はそれが意外に信頼度の少ないものであることを述べるに至って、この観応元年四月八日説は根拠薄弱となり、更に前述した観応以後の兼好の生存を証する諸資料の発見調査によって、今はそれが全く否定せられているのである。

すでに述べたように、実証的史料による時、兼好の生存は観応三年八月以後ということにはなるが、それ以上は不明ということになるわけである。いま江戸時代のもので、観応元年説以外の説を伝えるものとしては、『伊賀名所記』（国立国会図書館蔵）に、『園太暦』所載の記事として「貞治元年五月二十三日、年六十三」とあるものがあり、これを引いたのであろう、『本朝近世拾遺物語』にも「貞治元年五月云々」とあるというが、これも何によったものか不明で、にわかには信じ得ないのである。もっとも「貞治元年五月」ということは、現存諸史料に徴して必ずしも不当というべきではないが、六十三歳という享年が不当なのである。

私は、兼好が晩年為秀に同感追随したとの伝えに関して、彼の貞治ごろまでの生存を推定したが、現存史料によって考える時、貞治までは生存を認めることが穏当と思われるのである。

兼好の生年

さてそれと関連して、彼の生年となると、これもまた全く不明ということになるのであるが、かつて『大日本史料』引用の『諸寺過去帳』を信じていたころ、そこに示された、観応元年六十八歳説から逆算した弘安六年生誕説を特に支障もない穏当なものと考えて、今なお広くこの説が一通りの基準となる生年と考えられているのである。理由はない、ただ弘安六年生誕と考えることで、現存史料の示す兼好伝が、一通り都合よく説明できるからというまでである。本書が推定年齢として記してきた兼好の年齢も、またそうした意味で、弘安六年生誕と考えてのそれなので、その意味では、一つの便宜上の臆説に止まるのである。

以上私は兼好の生涯について、出来るだけ実証的にこれをたどろうとしたのであった。いま最後に、彼の門人と伝えられている命松丸《みょうしょうまる》のことについて一言しておきたい。

命松丸

命松丸については、今川了俊の『落書露顕』に、

鎮西に侍りし頃、三代集の説、及万葉等の不審を、数寄《すき》の人々の問ひ聞き侍

りしかば、存知の分を粗々《ほぼ》申して侍りしを、二条家の門弟、兼好法師が弟子命松丸とて童形の侍りしかば、歌読にて侍りしが、出家の後に、愚老が許に扶持したりしが言ふ、「かくの如きの秘説等を左右《そう》なく人に仰せらるる事、勿体なく存ずる也。」といひしかば、云々

とあるのがその名の出ている史料である。これによると、命松丸は兼好法師の弟子であったことは確かであり、了俊が「鎮西に侍りし頃」というのは、応安四年(一三七一)十二月以後のことと考えられるが、それ以上は不明である。ところが、この命松丸を『吉野拾遺物語』の筆者に擬する説が『塵塚物語《ちりづか》』に見え、また『塵塚物語』そのものをも命松丸の作とする説も見えるが、ともに信ずべきではない。更に、江戸時代中期に至って、この命松丸のことが、『草庵集』にあり、彼が兼好法師の忌日に当って仏事を営み、三十首歌を催した由の詞書のある歌があるが、こうした歌も現存の『草庵集』には見えない。この『草庵集』にありと

の記事も、おそらくは江戸時代中期、兼好法師の『徒然草』が読書界の歓迎を得たころ、好事の徒によって作られた偽書『崑玉集』の所載という次の記事と関連があるものかと思われる。それは、

兼好法師つれ〴〵は其世にはしるものなかりしを、わらはの命松丸今川了俊のもとにつかへてありしに、兼好もしや哥などのこるか作る物やあると問はれしに、書捨られしもしほ草あるは哥のそゞろこと葉もげにやおほくは庵の壁をはられて候、ここにもおはしませどもみづから重宝にもかたみにもとたくはへ申候、とかたりければ、それたづねさせよとて、吉田の感神院へは命松丸をつかはし、伊賀の草庵へは従者伊与太郎光貞といふもの哥の心ざしありとてつかはされしが、たづねとりて、哥の集は伊賀の草庵にて、やう〳〵五十枚ばかりあつめ、つれづれ草はよし田にて多くは壁にはられ、あるは経巻などをうつしものせしうら書にてありしを取て来りぬ。それを了俊命松丸

などととりそろへ、命松丸がもとにありしをもまた二条の侍従の方によみかはされしなどとりあつめ、哥の集一冊とし、また草子二冊とせしなり。つれづれなるまゝにと書出せし語意からのおもしろくあはれふかきになぞらへて、つれ〳〵草といふ題号はつけられたり。それより源氏・枕草子などのごとく伝へうつせるをよしとしてたれもたれもすてぬ草子のおもしろきものになりぬ。

この記事は、その真実性を疑われつつも、明治に入っても全面的否定を得られなかったものであるが、それが全くの虚構であることは、兼好伝の究明によって確言してよいのである。門人命松丸については、彼が出家後、今川了俊に仕えた歌人であったという以上のことはわかっていないわけである。

第二　徒然草の著者としての兼好

——兼好の人間像——

二条派歌僧

『徒然草』執筆当時の兼好、すなわち四十代の兼好の生態は、京都に閑居生活を営む二条派の歌僧であるというのが、もっとも穏当であろう。現存史料によると、彼は二条家の歌会はもとより、皇族・貴族の歌会にもしきりに出席し、その間歌道の古文献の書写もおこない、二条家歌学受講にも励んでいる。その意味では、頓阿・浄弁などとともに、二条家歌風振興の上に重要な役割をもっていたわけである。

『徒然草』の著者

しかし、兼好の人間像を、興味ふかいものとしているのは、二条派歌人としての彼というよりも、『徒然草』の著者としての兼好であるといわなくてはならない。というのは、この随筆に説かれている人生観・趣味観、そして更に豊かな人間智が、一人の、中世文芸人を人々に想像させ、それが一つには、庵住みの簡素な生活に安住する隠者を考えさせるとともに、また一つには、すいも甘いもかみ分けた粋人《すいじん》としての一人の文芸人、いわゆる「双岡《ならびのおか》の粋法師」を考えさせるからである。ここで今そうした見地に立って、兼好を考えるということは、当然主として江戸人によって形象化された兼好について述べることになるが、それが彼の実証的な伝記とは別の意味で、彼の人間像のデフォルムされた点はあるが、また一つの意味を伝えていると思われるからである。

粋人

一　隠者としての兼好

『法然草』が、中世後期における伝承・流布《るふ》のあとは、正徹《しょうてつ》の『正徹物語』、東常縁《とうのつねより》の『東野州聞書』『新古今和歌集聞書』、心敬僧都の『さゝめごと』『比登理《ひとり》

『徒然草』の伝承

『徒然草』の解読

言《ごと》』に、『徒然草』の引用が見え、歌人・連歌師の間にあって、この書が相当流布していたことがわかるが、更に『実隆公記』『多聞院日記』に見える記事を加えると、大体、この書の江戸時代までの伝承がたどれる。しかし『徒然草』が広い階層の愛読を得たのは、江戸時代に入ってからであるといえる。そのことは第一章にも述べたが、近世初頭の啓蒙期の主智的・道義的なものへの関心が、この書への興味を引いたものであって、松永貞徳・細川幽斎などを中心とした若き人人の間に、この随筆の解読が起り、ちょうど慶長以来の印刷術の進歩とともに、慶長九年(一六〇四)の『寿命院抄』を始めとして、陸続《りくぞく》として、この書の注釈書が出、更に本文刊行のことがあって、広い関心と歓迎と流布とを見たのである。

こうした兼好熱の勃興は、この『徒然草』を、それまでのわが古典への関心の対象となっている『伊勢物語』『源氏物語』などの作り物語とはちがって、一つの人生観・趣味観を語った思想書として見、そうした性格を高く採りあげたこと

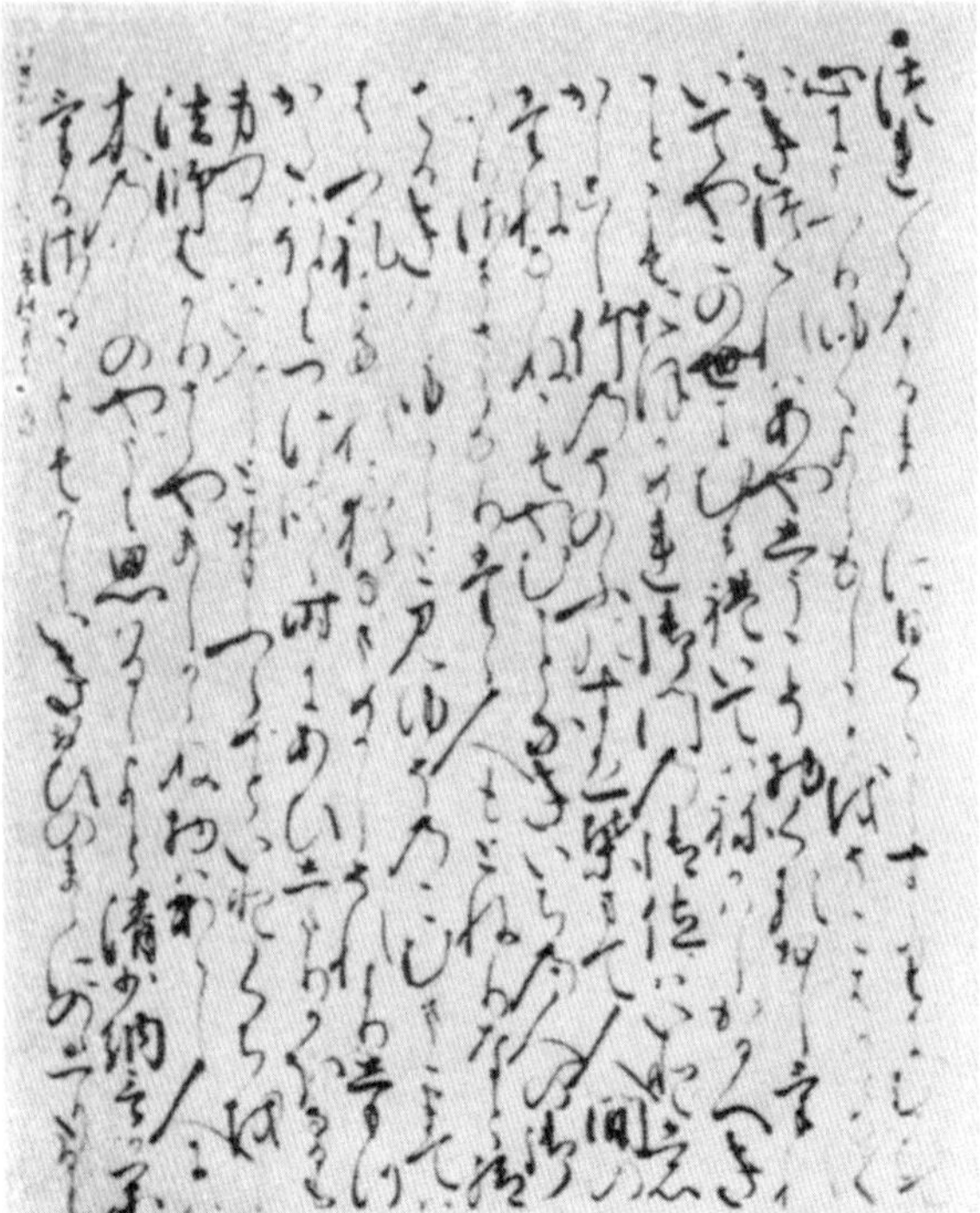

正徹自筆本『徒然草』

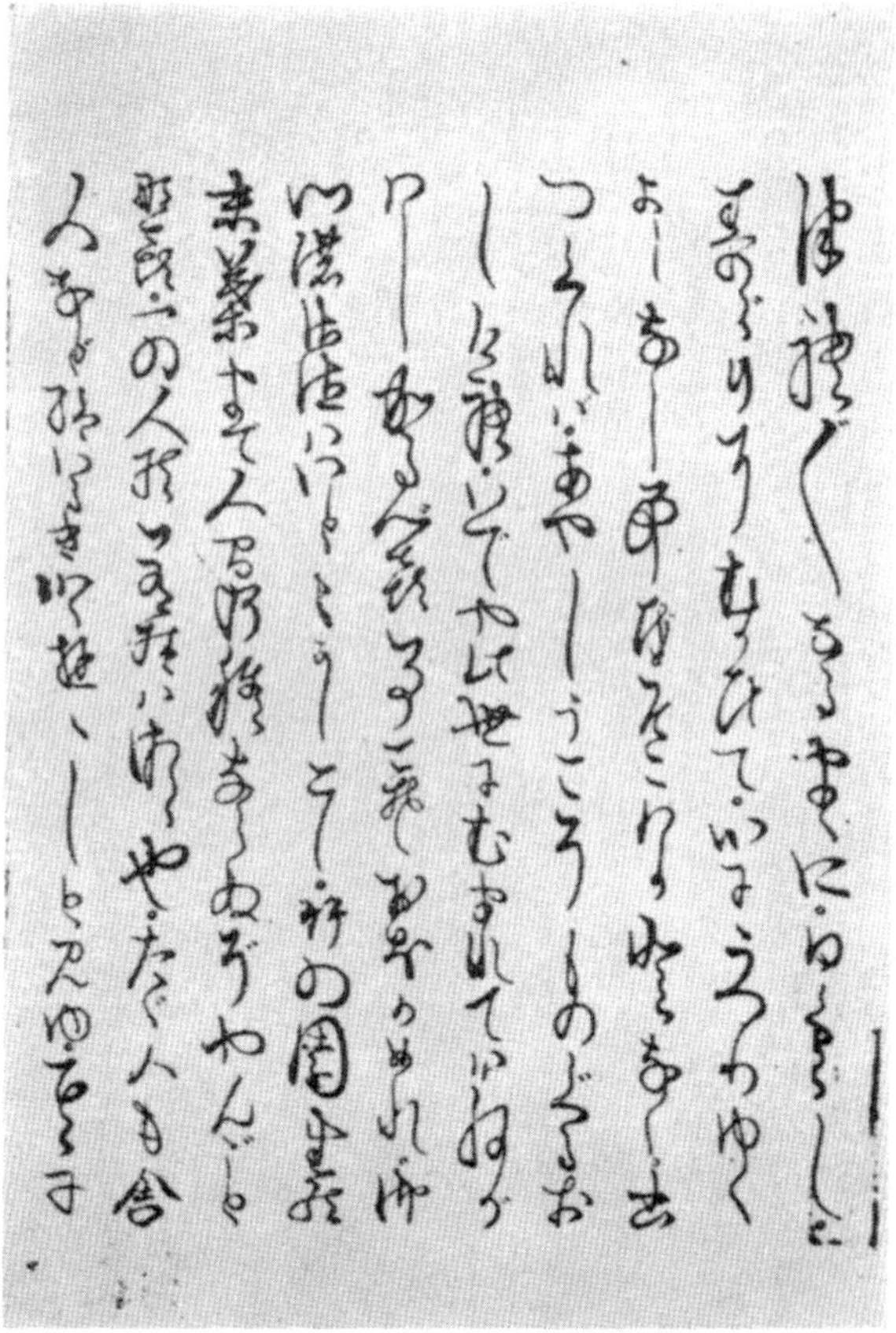

烏丸光広奥書本『徒然草』

によるのであって、それだけにまた作者兼好法師に対しても、一人の思想家としての関心が大きかったのであり、そこに彼のあり方、「法師」と呼ばれる文芸人のあり方についての関心が大きかったわけである。そこに隠者の問題が出てくるわけである。

「隠者」ということばは、もと中国伝来のことばである。それは社会変革期に際して、旧体制下にあって、然るべき社会的地位を得ていた者が、新しい体制下にあって、社会的地位を与えられることなく、あるいは新しい体制下にそうした地位を持つことを潔《いさぎよ》しとしないで、その政治的才能を野に隠すものをいうのである。しかし日本においては、晉《しん》の時代、世塵《せじん》を避けて清談《せいだん》を事としたと伝えられる竹林《ちくりん》の七賢が、よくその代表者の如くいわれるが、それらについても、政治的才能を野に隠すということよりも、その脱俗な文芸人的な生活を濃く採りあげて、仏教思想・老荘思想を背景として、名利の巷《ちまた》を去って、その好む風流韻事に沈湎《ちんめん》する人として迎えたのである。そうした意味で、この隠者ということばが、特に採りあげられたのは、ちょうどこの『徒然草』が広い関心を持たれた時代、江戸時代初頭であったわけなのである。元政《げんせい》上人編の『扶桑隠逸伝』(寛文四年〈一六六四〉刊)、林靖編の『本朝遯史《とんし》』(万治三年序、寛文四年刊)など出版されたのはその現われであるが、これらは古来の隠者と呼ばるべき文芸人をひろく求めて、その小伝を集録したものであった。そしてこのことは、事実江戸時代初頭、新らしく江戸幕府が成立して、にわかに扶持離れした武士たちが、それぞれ新らしい体制に入るを快《こころよ》しとせず、またその体制において然るべき地位を与えられることなきが故に、いずれも有為の才を抱いて市井《しせい》に隠れ、それぞれその好むところに遊んだのと相関連する事実なのである。丈山・長嘯《ちょうしゅう》・元政など、その人といえる。

この隠者への関心の風潮は、『徒然草』の中に、当時の人々の好みにふさわしい隠者としての法師の姿を見出したといえるのである。

彼は、『徒然草』第一段でまず、「法師ばかりうらやましからぬものはあらじ」と揶揄《やゆ》しているが、ここで「法師」というのは、社会的に、経済的に、当時貴族についで恵まれ、また尊敬を受けていた職業人としての出家人である。そしてそれに対して彼が好ましいとしたのは、「ひたぶるの世捨人」としての出家人なのであって、顕基中納言の言った「配所の月罪なくて見る」というような出家人なのである。兼好の言葉を借りれば、「あるかなきかに門さしこめて、待つこともなく明かし暮らし」す、「人にうとき」生活をする出家人なのである。

この兼好の言説は、当時とすれば、一般の僧侶階級への反逆のことばであったようである。平泉澄《きよし》氏の推定によると、中世における寺院の数はおびただしいもので、町といい、村といい、山といい、浦といい、寺院のなかったところはなく、日蓮の『諫暁《かんぎょう》八幡鈔』に挙げてある寺数一万三千三十七寺などという数字はもとより信じることはできないものであって、中世における寺院の第一の勢力である比叡山延暦寺でも、三塔十六谷に分かれ、三千八百の仏閣と、その外にほとんどそれと同数の僧院があった（クラッセの『西教史』）というし、東大寺・興福寺を含む奈良の町は、民家よりも寺院の数が多かったという有様であり、また高野山・根来寺《ねごろじ》のような諸大寺は、各々数千の僧侶を養っているという有様だという。したがって、寺院や僧侶の実数は想像にあまりあると言われている。建武元年八月の二条河原の落書《らくしょ》にも、「このごろみやこにはやるもの」として、「還俗・自由出家」を数えているが、いわゆる純粋の僧侶以外にも、私の僧侶も天下に充満していたのであって、兼好もまた、こうした時代の出家者の一人ではあるが、それだけに同じ出家者といっても、その立場にはそれぞれ、大きな相違があってよいわけである。

兼好は、僧位・僧官を求める出家者に対して思い切った嫌悪《けんお》と揶揄《やゆ》を示したが、彼とすれば、好ましい出家者とは、「寺」とは無縁の出家者であり、円頂・緇衣《しい》は、むしろ自由な閑居生活の標識であり、それは求道者の閑居生活であるといっ

和歌数寄者

てもよいものと思われるのである。彼の場合、出家は彼が自ら選んだ道であると等しく、その出家生活の意義も、彼にあっては、少なくとも彼を取り巻く一つのサークルとしては、独自の意義づけをしていたと考えられるのであって、彼の周辺の頓阿・浄弁のような二条派の緇流派の歌人の生活様式は明らかにしがたいが、それが簡素な生活ではあるが、相当余裕のあるいわゆる和歌数寄者の閑居生活であったことは認めてよいと思われるのである。

文芸の徒

　こうした兼好は、江戸時代人の考えた隠者として、もちろん興味ある存在であったにちがいない。しかも彼の場合、単に室町時代以来の遁世者の連歌人のような文芸の徒というよりも、きびしい求道者としての面の濃いことが、まず好感を持たれたと思う。『徒然草』を見ると、そこには文芸人として、興味深い自然観・恋愛観について語るとともに、一方に簡素な閑居生活を懇切に勧め、道念の世界に生きることの大事を、きびしく提唱しているのであって、それが兼好を、単に文芸の徒という以上に、高い人生の教師としての哲人の風貌を感じさせるのである。江戸時代の『徒然草』の注釈書の挿絵に見える兼好像は、多く清貧《せいひん》に安んじ、破れ衣をまとった、悟りきった草庵人として描かれている。これはもとより理想化された兼好の姿であるにしても、当時の人々のまず考えた隠者兼好の姿なのである。

芭蕉がどこまで兼好に関心を持ったかは、明言しがたいが、彼は兼好の画像に賛を求められて、

秋の色ぬか味噌つぼもなかりけり

と書いている。それは、『徒然草』第九十八段に引かれた『一言芳談』の一節、「後世を思はん者は、糂汰《じんた》瓶《がめ》一つもつまじきことなり。持経《じきょう》・本尊にいたるまで、よき物をもつ、よしなき事なり。」という俊乗坊の語から書いたものであるが、貧に安んじた市井《しせい》の風狂《ふうきょう》の閑居人と考えていたかと思われる。

近松門左衛門の『つれ〲草』

そうした点では、人形浄瑠璃の台本ではあるが、近松門左衛門の『つれ〲草』（宇治加賀掾《じょう》正本、延宝九年〈一六八一〉刊）に描かれた兼好像に、このころの大衆好みの兼好像が見えるといってよいと思われる。

　そこには、まず後宇多上皇の北面の侍としての、吉田兼好が登場する。彼は上皇のおとの姫君菅の宮の徒然《つれづれ》を慰めるために、姫君を吉田山に案内するが、途中加茂山の遠くに見える辺で、初時鳥《はつほととぎす》の声を聞いて、

『徒然草吟和抄』第十一段

久方の雲井のどかにいづる日の　光に匂ふ山時鳥

と詠む。そうしてこの和歌が姫宮のお心にかなって、更に姫宮の恋心を誘うのである。この歌は『兼好家集』に見える歌で、建武二年の千首和歌詠進の折兼好が奉った歌を、この浄瑠璃作者が勝手にもじったものであるが、原作の第五句「山桜かな」を「山時鳥」としたのは、いかに浄瑠璃といっても、少く乱暴すぎる。

さてこの兼好には別に侍従局という女房が恋い慕っているので、この姫宮の心の動きに嫉妬を燃やして、ここに謡曲鉄輪《かなわ》を学んでこの浄瑠璃の山場である侍従局の蛇身となることなど見えるのであるが、しかも兼好は、この二つの恋をともに退けて、遂に出家するのである。そこには、

花は盛りに、月は隈《くま》なきをのみ見るものかは、人の世も猶《なお》又然り、財多ければ身を守らず、ほまれは又そしりのもとゐ、万事は皆非なり、只今の一念をいかで空しくすべきと、終におのれと本意を立てて、兼よしをそのままに兼

好法師と改名し、花とならびの岡のべに、待つこともなき柴の戸の、明かし
暮らせし遁世は、心にくくぞ見えにける。

と語って、それが全く無常を感じての自発的発心《ほっしん》として語られているが、ここに歌僧兼好法師があらわれるのである。姫宮はなお兼好恋しと、乳母裏葉《うらは》を伴って訪ね来るが、今は悟りすました兼好が、この宮を前に、つれづれ草三箇の秘事を説くという筋になっている。そこには、兼好の『徒然草』について、

宮は棚なる文どもを取り開き御覧じて、此頃御身が書きしと聞く、つれぐ草とは是ならん、言葉ののどけさ、志のやはらかさ、月花に寄せ、和歌によせ、をとこ・女の情にかけ、人のをしへ、世の宝、人間常住《じようじゆう》の気をいましめ、無常を示す文法は、詞《ことば》にいかで及ぶべき。

とあるが、ここに当時の『徒然草』観が見えるわけである。姫宮は兼好の説くところによって、翻然として「今こそ夢はさめたりと、御感涙はせきあへず」とい

ということになり、更に、僧衣の兼好はやがて昇殿して、院の御座近く召され、「和歌・有職《ゆうしょく》より始めて、万《よろづ》の道しばし問答ましますに、一つとしてあやまらず、其理恰《ことわりあたか》も流るゝが如し。さてこそ和漢の才人誰かは是にまさらんと、則ち姫宮の御師範」となったという筋であるが、これが、当時の兼好観であったわけである。すなわち、兼好はその品かたちは、よく高貴の女性の恋の対象たるに十分な貴公子であったと考え、しかもその才は行くとして可ならざるなく、その『徒然草』の説く所は、一般人の以て学ぶべき書というので、いわば兼好は、姫君の御師範にふさわしい、人生の教師というわけである。

もとよりこれは正しい兼好法師像ではなく、ここでは求道者としての兼好と文芸人としての兼好とが熟していない嫌いがあり、事実においては、もっと市井《しせい》の文芸人的隠者としてのそれであったと考えられるが、こうした兼好の受けとり方が、まず要求された程に、『徒然草』には、道念に生きる人としての印象は大きかったといえるわけであり、これはまた、第一章で紹介した、偽書『園太暦』に見える大衆向の兼好法師伝と相通じるものなのである。

二　粋人としての兼好

しかし、江戸時代人によってこうした受け取り方をされた兼好も、貞享《じようきよう》・元禄の時代を過ぎるころから、もう一歩進んで次第にその文芸人としての面が強調され、江戸の戯作者《げさくしや》においては、全くの粋人として受けとられるようになって行ったのである。しかもそれは、必ずしも全くの戯作者的な勝手な受けとり方というべきではなく、そこにはそれだけの理由もあったことは認めるべきであるようである。

『徒然草』を通して考えられる兼好の人生観・自然観・恋愛観、さては衣食住に対する見解は、単に王朝文学に見える、古代的なものとは多分に異なっている。

そこには王朝以来の貴紳道への憧憬が色濃く現われてはいるが、しかもそれを逸脱して、新しい一歩を踏み出していることは事実なのである。それを中世的なるものとして捉《とら》えることはもとより正しいが、しかし江戸時代人はここにむしろ近世的なものを見出したのである。

兼好法師像（京都市，双岡の麓，長泉寺蔵）

今ここで『徒然草』に見える思想的なものを次の二つの点から、考えておきたい。

イ、無常観と人生の肯定

ロ、悟道的自然観・恋愛観

イ、無常観と人生の肯定

兼好の人生観の根底をなすも

のは、冷厳な無常観の体得である。この地上のあらゆるものを、刻々に変化する相《そう》において捉えるという無常観は、仏教の説くところであるが、彼はこれを人間の不可避の現実として捉え、人間はこの「無常の敵」、すなわち死が念々にわれに迫っていることを認識せよと説くのである。『徒然草』第四十一段に、彼は五月五日の賀茂神社の競馬《くらべうま》の折に見た一人の小坊主の話を書いている。この競馬は、毎年の佳例で、都人が貴賤を問わず楽しみとした行事である。もちろん見物人は、雑踏する。兼好も牛車《ぎつしや》で見に行ったが、柵に近寄れそうにもない。とみると、折からの夏の日ざしを受けてうすむらさきに咲きほこっている楝《あふち》の木に上って、これこそよい見物席とばかりゆっくり枝に腰を下ろして見ている小法師がいたのである。競馬を見ようと上ったにはちがいないが、いつか待ちくたびれて寝入ったものらしく、この危い身の置きどころで居眠りをしているのである。今にも落ちそうになると、ふっと目を覚して枝にとりつくが、また居眠りを始める。競馬を

『奈良絵本 徒然草』駒競べ (金沢文庫蔵)

見る人々の目もいつかこれに集まる。兼好もその一人である。人々は嘲《あざけ》りあきれていう。

世のしれものかな。かくあやふき枝の上にて、安き心ありてねぶるらんよ。

この時兼好は、ふとそこに人間の象徴を見たと感じるのである。死を宣告されていながら、死の予告をゆるされない人間、しかもその無常の敵の来り迫るのも忘れて、ただ空《むな》しく、目前の楽しみに明かし暮らす人間の象徴を感じるのである。兼好は思わず口ずさむ。

われらが生死の到来ただいまにもやあらん。それを忘れて、物見て日を暮らす、愚かなることはなほまさりたるものを。

すると人々は、この時ならぬ説教に感動したのである。「まことにおことばの通り。愚かなことです。」といって、道を開いて兼好を前の方に呼び出してくれたというのである。

いかにも中世らしい話ではあるが、しかしここには「ことごとく死刑の宣告を受けているが、ただ不定の猶予を与えられているにすぎない」（ユーゴー）人間の姿が見事に語られているのである。そうして、実はこのことは、だれにでも容易に理解し、感じとれることなのであるが、しかも人々はなかなかその冷厳なる現実を体得し得ないのであると兼好は教えるのである。そして、更にこれを基盤として、すべての人生観・人間観・処生観が現われてこなくてはならないと彼は説くのである。

人生を無常なるがゆえに否定し、彼岸の極楽の楽しみを高唱し、末法思想的に欣求《ごんぐ》浄土を勧めるのは、中世前期の隠遁者に多く見たところである。そこには暗澹とした抹香臭い厭世があった。しかし、兼好は人生は無常なるがゆえに厭うべきものとは説かない。

人、死を憎まば生を愛すべし。存命の喜び日々に楽しまざらんや。愚かなる人、この楽しびを忘れて、いたづがはしく外の楽しびを求め、この財《たから》を忘れてあやふく他の財をむさぼるには、志満つことなし。生ける間生を楽しまずして、死に臨みて、死を怖《おそ》れば、この理あるべからず。人みな生を楽しまざるは、死を怖れざる故なり。死を怖れざるにはあらず、死の近きことを忘るゝなり。（第九十三段）

死の恐怖のあるところに、生の悦楽は生まれるのである。無常の認識に徹するとき、そこに存命の日々の尊さが感じられるのである。かくて彼の無常観は、かえって生への愛著の提唱となり、正しく厳しい意味の、人生の肯定となるのである。こうした兼好の考え方は、もとより彼独自のものというべきではないであろう。それは当時、朝廷を中心としておこなわれていた宋学への親昵《しんじつ》と、それによる天理・道義の思想の芽生えとも相通じるものがあろう。また当年の禅宗の現実主義的な悟道の興起もこれと交渉がある。そしてこの二つのものは、当時相扶《たす》け

人生肯定

悟道的享楽主義

て、新しい中世の知識人の指導精神として、現実の復活を招来していたのであって、兼好のこの無常観に立脚する、人生肯定の提唱もそれと無関係ではなく、いわばそれと相通じる時代の声といえるのである。しかも兼好は「人死を憎まば生を愛すべし。存命の喜び日々に楽しまざらんや」といったが、この言葉は、人生肯定を越えて、更に一種の悟道的享楽主義の提唱とも聞えるのである。しかして、この「生を愛すべし」とは、実は彼の場合は「道を楽しむ」ことであり、熱烈な道念に生きることなのである。事実『徒然草』には道念の世界に生きることの楽しみを説き、それこそが人生の第一義の楽しみであると説いた章段は多いのであるが、しかし『徒然草』は、ただそうした無上道に専念することを教理的に説く立場に立つよりも、文芸的に内観的に、人間の立場において書き綴った随筆としての言説であるが故に、この「生を愛すべし」の語が、多分に一種の享楽主義的な響きを持つものとして受けとられることも、無理ではないと思われる。殊に近世人の『徒然草』観においてはそうした傾向があったと考えてよいと思われるのである。

ロ、悟道的自然観・恋愛観

兼好の自然観は、

花はさかりに、月はくまなきをのみ見るものかは。

の語に始まる第百三十七段の言説に最もよく見得るといわれるが、これについては、正徹が、

「花はさかりに月はくまなきをのみ見るものかは」と兼好が書きたるやうなる心根を持ちたるものは、世間にたゞ一人ならではなきなり。このこゝちは生得《しょうとく》にてあるものなり。（『正徹物語』）

と書いて有名だが、この段に見る彼の自然観は実は正徹のいうように、彼独自のものというべきではない。そこに語られたところは、単に咲き乱れた花、明皎々《めいこうこう》

たる満月のような華やかな満ち足りた自然だけを面白しとせず、むしろ「散りしをれたる庭」「うちしぐれたる村雲がくれの月」のような、一脈の哀愁を伴う未完のあるいは凋落《ちょうらく》した自然を面白しと見る自然観であって、そうした自然への好みは、実は平安末期の歌人たちにも見られるものである。心敬僧都の『馬上集』には俊成の月見・花見の態度について、

心敬の自然観

俊成卿の密言抄に書き給ふなり。花は散りての跡を尋ね、木のもとのさびしきを見て、いかにこの花盛り面白く侍らんと盛りを願ひ、連歌・歌にもその心を案じ、あとへ心を返してこそ盛りもあり、また情も残るべきにて候。たゞ花盛りに打ち向かひ見ん事さのみかん味もありがたし。月も雨の夜曇りがちなる空を待つにつけて、また入りぬる山のみを心にかけ、あけぼのの山を見てこそ面白けれ。うちみれくもりなき月に向かひ侍らば、何事かのぞみの心あらん、云々。

(『続群書類従』四九四)

と書いている。この『密言抄』という書については明らかでなく、この言説には心敬の主観的な言いそえもあろうかと思われるが、余情ある自然、淋しさをもつ自然への愛好は、平安末期にはすでに見られるということは認めるべきだと思う。しかし兼好の言説はこうした哀愁を含んだ自然への単なる情緒的な愛好と見るべきではないと思う。兼好の場合には、更に一歩進んで、一つの哲想的な自然鑑賞、すなわち無常観を裏づけとしたところに出てくる自然観賞となっているところが注意せられなくてはならないと思う。

その点については、まず兼好が、この段で「花はさかりに云々」という一つの抗弁に続いて、「月花をばさのみ目にて見るものかは」と言っていることに注意したい。そこにいうところは、彼のいう月・花の見方が、単に官能を通して、自然の外形を感覚的に見ることではなく、心の目に写して、その内に潜む余情をも見ようとするところから来ることを語っているのである。官能より心へ。それは趣味から哲想への移りであるといってもよいと思う。単なる趣味的自然鑑賞を越えて、哲想的自然鑑賞に進んでいると言えるのである。しかしてその自然鑑賞の裏づけをなす哲想を求めるとき、われわれは無常観の体得にこれを求めねばならないと思うのである。それは自然を無常なるものとして見る態度であり、自然を刹那《せつな》に変る相として眺める態度なのである。そのとき、「永遠の姿としての自然」すなわち「刹那刹那に変る自然」を、最も豊かに盛った自然、最も切実に感得させる自然をも、また面白しと見る自然鑑賞が生まれてくるのである。散りしおれた庭、村雲がくれの月、そこにこそ満開の花・満月の月にもました月・花の真実の美が、すなわち変化の相として感じとるべき月・花の美が見出されなければならないといっているのである。

本居宣長の非難

江戸中期の国学者本居宣長の兼好の自然観についての非難は有名である。宣長はいう。

兼好法師がつれづれ草に、花はさかりに、月はくまなきをみの見るものかは、とかいへるは、いかにぞや。いにしへの歌どもに、花はさかりなる、月はくまなきを見たるよりも、花のもとには風をかこち、月の夜は雲をいとひ、あるは待ち惜しむ心づくしをよめるぞ多くて、心深きも、ことにさる歌に多かるは、みな花はさかりをのどかに見まほしく、月はくまなからむことを思ふ心のせちなるからこそ、さもえあらぬを嘆きたるなれ。いづこの歌にかは、花に風を待ち、月に雲をねがひたるはあらむ。さるをかの法師が言へるごとくなるは、人の心にさかひたる、後の世のさかしら心の、つくりみやびにして、まことのみやび心にはあらず。かの法師がいへる言《こと》ども、このたぐひ多し。みな同じことなり。すべてなべての人のねがふ心にたがへるを、みやびとするは、つくりごとぞ多かりける。（『玉勝間』「兼好法師が詞のあげつらひ」）

宣長は、兼好のみやびを「後の世のさかしら心のつくりみやび」ときめつけているが、この「つくりみやび」と難じているのは、宣長の古代的な風雅観を絶対視する立場から出たもので、偏狭な見解であるが、しかし「後の世のさかしら心」、すなわち外来の仏教思想を裏づけとした風雅観であるとした点は正しいのである。

　私は兼好のこの無常観を裏づけとした自然観を、悟道的自然観と呼んでよいと思うが、そこに多分に知性の勝った、一つの

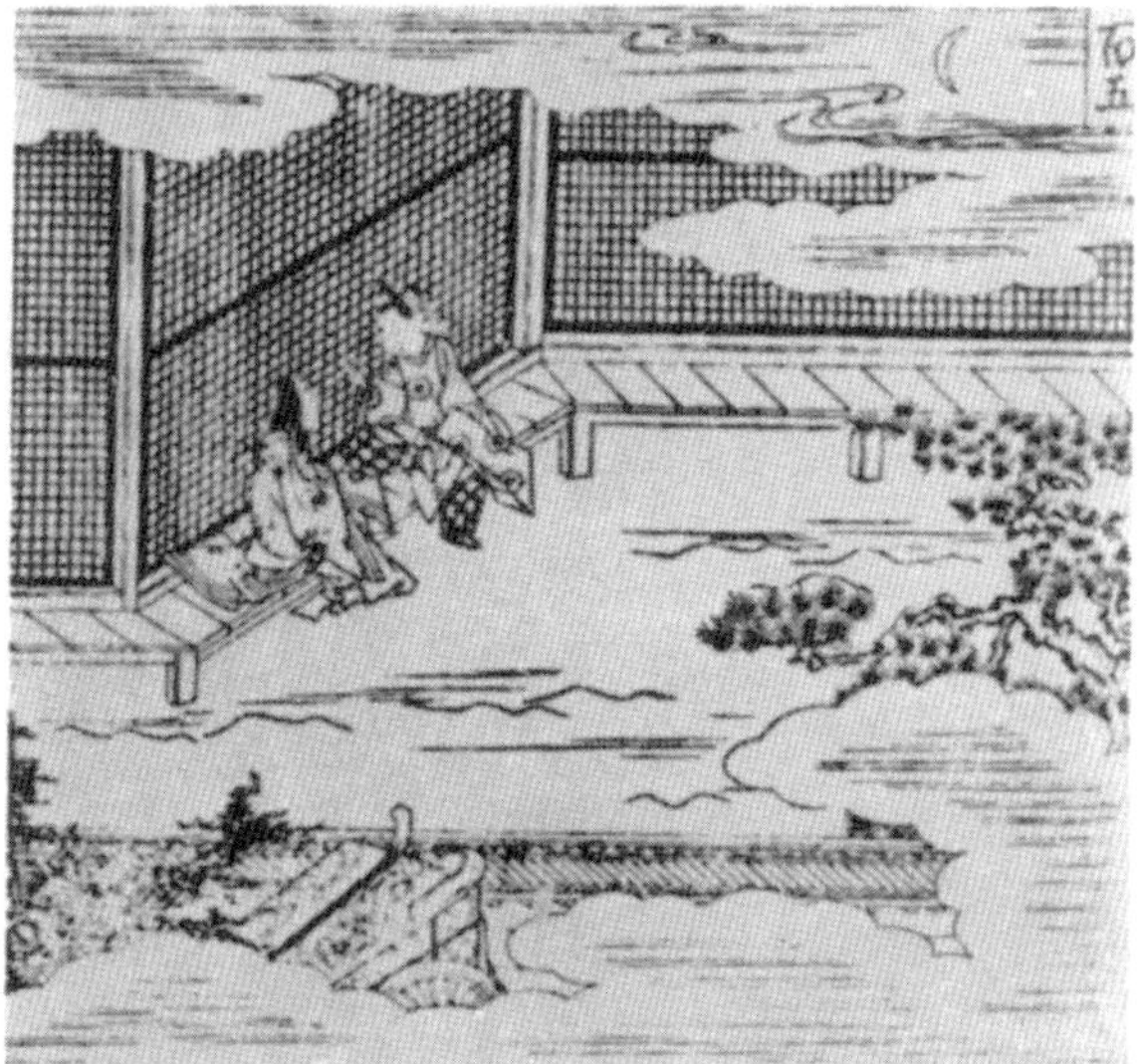

『徒然草吟和抄』第百五段

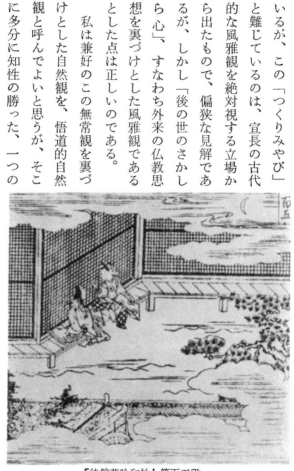

自然観が生かされており、優雅というよりも更に複雑な自然美への目がひらけてくると思うのである。

兼好は、更にこの自然観と同じ立場に立って、彼の恋愛観を述べている。

男女の情もひとへに逢ひ見るをばいふものかは。逢はでやみにしうさを思ひ、あだなる契をかこち、

然　草』

「世の人の心まどはす事色欲にはしかず。久米の仙人の物あらふ、女のはぎの白きを見て通をうしなひけんは、まことに手足はだへなんどのきよらに肥あぶらつきたらんは外の色ならねばさもあらんかし。」とある。

長き夜をひとりあかし、遠き雲居を思ひやり、浅茅《あさぢ》が宿に昔をしのぶこそ、色好むとはいはめ。

（第百三十七段）

ここに説くところは、恋愛において、「待つ心」「しのぶ心」を貴ぶものであって、これは、恋愛もまた無常の道理をのがれ得ないものであるとの哲想をもとにしたところから出ているわけである。彼は、この恋愛観を説くに当って、「万の事は始め終りこそをかしけれ」とも書いているが、この物事の「始め終り」

『絵本徒

を尊ぶ心も、変化の相において、すべてを見ようとするところから生まれるもので、この立場は彼の四季のそれぞれの面白さをその移り方の上に見ようとするところにも見えるわけである。有名なことば、

　露霜にしほたれて処定めずまどひありき、親のいさめ、世のそしりをつゝむに心のいとまなく、あふさきるさに思ひ乱れ、ひとり寝がちに、まどろむ夜なきこそをかしけれ。（第三段）

という、若き日の恋愛の姿の「をかしさ」の描出も、そこには、一つの悟道的な恋愛観を裏づけとして初めて生かされているわけである。

　そうして、こうした自然観・恋愛観は、必然的に彼の書く、かつては栄えに栄えた遺跡が今ははかない廃墟となった京極殿や法成寺などに、深い感慨を書く彼の言説（第二十九段）とも交渉づけられるし、また、不整趣味とも呼ばれる「うすものは上下《かみしも》はつれ、螺鈿《らでん》は、貝落ちて後こそいみじけれ」という感じ方にも通じ

よう。

以上『徒然草』に見える人生観・自然観・恋愛観について述べたが、それは、常に一つの知性をもって人生に、自然に、恋愛に、対処するものであって、彼の人生に対するこの仏徒的肯定、自然・恋愛に対する悟道的観方は、中世的なものでありながらも、近世人にとっては、彼等が「粋人」と呼ぶものの生き方の裏づけとするにふさわしいものを感じとらせるものであったと考えられるのである。

江戸時代人に、兼好が「双岡の粋法師」と呼ばれたのは、まずこうした彼の思想的なるものによるのであるが、同時に、『徒然草』がこうした思想的なものをも、常に人間の生き方として説いているという説述態度と、またそこに現われている彼の深い人間智にもよることも注意すべきだと思う。

人間智

兼好が叡智の人である、物が見えすぎる男であったということは、すでに定評の通りである。しかし、それはあくまでも人間に焦点を据えた叡智であり、視野なのである。『徒然草』はまず人間として現世における欲望の数々を語る章に始まるが、このことは『徒然草』と並んでわが日本文学の二大随筆といわれる『枕草子』が、四季それぞれの風趣を描いた章段に始まるのに比較して、まず注意しなくてはならないことである。また彼の思想は冷厳な無常観に出発するが、その無常観の提示も、彼の場合は、人間の生活の姿において述べられているといってよく、その自然観・恋愛観も、人間の生き方として捉えられ語られているのである。第百三十七段に、

よき人は、ひとへにすける様《さま》にも見えず、興ずる様もなほざりなり。かた田舎の人こそ、色こくよろづはもて興ずれ。

とあるが、これがその要項ともいえよう。それはすべてに対してしつっこい、理性を失った耽溺《たんでき》を否定し、静かな知性を伴った態度を提唱しているのである。月花の鑑賞について、恋愛について、彼は懇《ねんご》ろに説いたこの段で、当時の都の見物《みもの》

である賀茂祭の行列見物について説いた言葉なのである。「よき人」と「かたくななる人」との、程よき態度、色こくもて興ずる態度を述べ、祭見物については、その「始め終り」こそ見所であるとし、まだ夜の明けきらぬ都大路《みやこおおじ》に微行で集まってくる牛車《ぎっしゃ》の数々を見ることに始まり、祭が終った夕暮、物見車も一杯の人も、いつか立ち去って「さびしげになってゆく」都大路の様を見るのが見所だというので、「大路見たるこそ、祭見たるにてはあれ」というのが、彼のいうところである。こうした態度はもとより、王朝以来の貴紳の態度の伝統に立つものではあるが、それが彼の場合、あの自然観・恋愛観に見える悟道的なるものによって裏づけされて説かれているところに、低徊《ていかい》趣味を越えて、一つの祭の悟道的鑑賞となっているわけである。

しかもこうした叙述に動く彼の人間心理への深い洞察と透徹した知性は、殆んど天与のものといってもよい程なのである。

また彼は酒について、社交について、凡そ衣食住について、倦むことなく説くとともに、当年の愛すべき多くの人間像をも書きとめている。芋がしらを一途《いちず》に愛好する盛親僧都（第六十段）、酒宴の席で興のあまり足鼎《がなえ》をかぶった仁和寺の法師（第五十三段）、猫またを恐れる連歌師（第八十九段）、腹あしき故に切株の僧正とあだ名を得た良覚僧正（第四十五段）など、さては当年の政界・宗教界の人々の挿話風のものは、それが短章であるにもかかわらず、兼好の秀れた人間智ゆえに、極めて印象深い人間の話となっているのである。

こうした人間への深い知慧、人間を観念的でなく、生きたままの姿で捉える目、しかも人間臭いということに溺れてしまわない知性は、彼を人生の教師という以上に、粋人《すいじん》と呼ばせるのに十分なのである。

そこに近世人のいう「双岡の粋法師」が考えられたのである。江戸時代にそうした兼好を描いた作品として、今は、

『奈良絵本　徒然草』(金沢文庫蔵)

近松門左衛門の浄瑠璃『兼好物見車』（宝永三年（一七〇六）五月五日竹本座上演）

江島其磧《きせき》の八文字屋本『兼好一代記』（枕本五冊、元文二年（一七三七）正月刊）

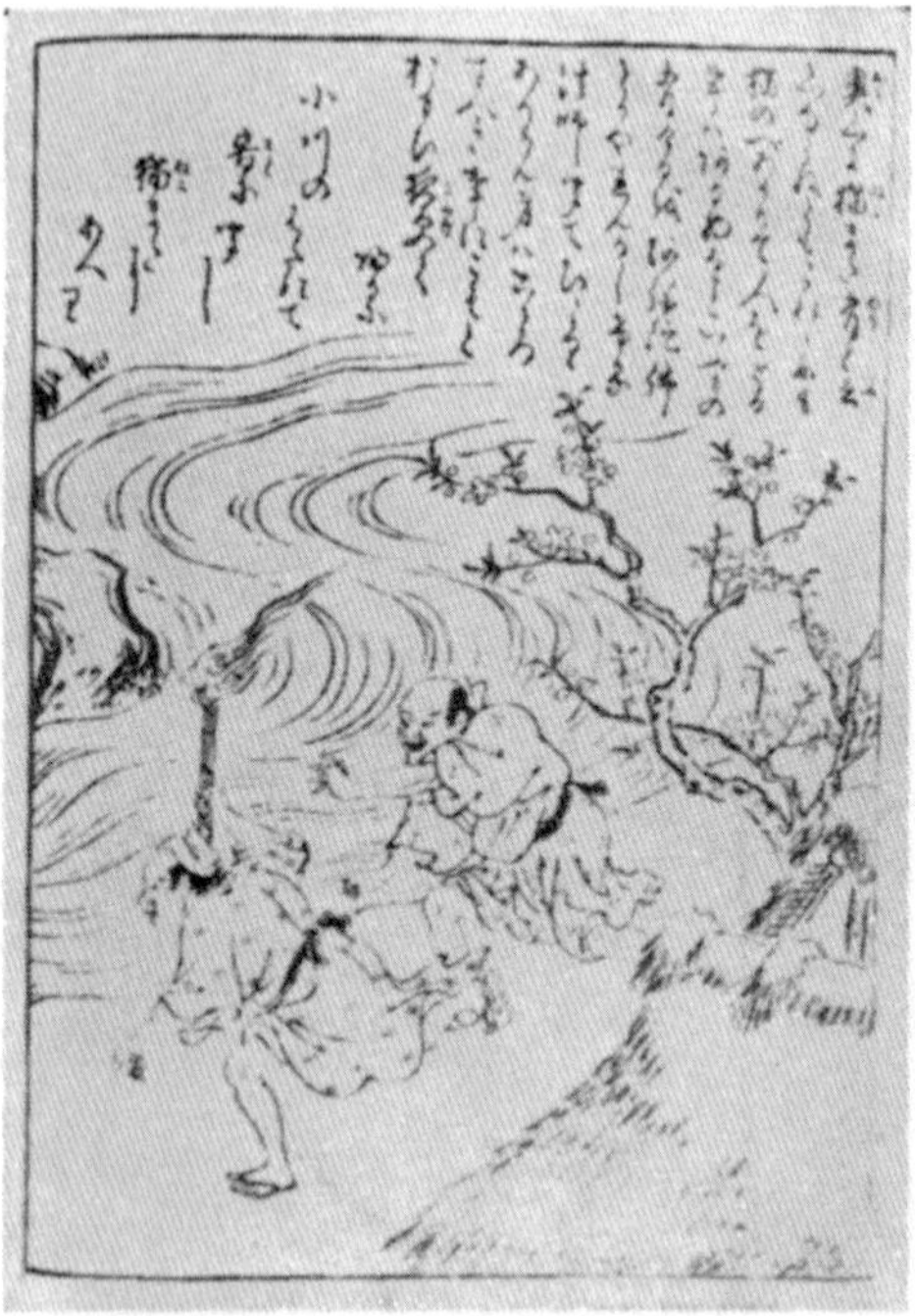

猫また有と云，云々」とある）

『絵本徒然草』(「奥山に

を挙げておきたい。

『兼好物見車』は、『太平記』に見える艶書代作の件を取材したものである。

『兼好物見車』

徒然草屏風（金沢文庫蔵）

後宇多院第八の姫御子《みこ》、卿の宮は武蔵守師直の見ぬ恋から、妻にと所望されて困却され、その処置を、日頃御気に入りの左兵衛佐《すけ》吉田兼好に相談される。兼好は侍従という弁説巧な女房を頼んで、師直に塩谷判官《えんやはんがん》高貞の妻かほよの美質を語らせ、移気《うつりぎ》な師直の気を転ぜしめる。そして師直がその艶書の代作を兼好に求めるので、兼好はかえって貞女の道をこまごまと書いて送り、高貞の妻が手にも触れず返すようにと取りはかろうのである。以来師直の怒りに触れ、音信不通となるが、この処置に姫は殊に御機嫌で悦ばれる。作者は、ここを描いて、

宮は殊なる御機嫌にて、嬉しい事を聞きしよな、恋に気転な兼好や、そなたの様な恋知りに、惚れそこなうて口惜しい。平人の娘と生れたら、人手にかける男でない、云々。

これは単に一浄瑠璃作者の好みの虚構とのみは考えるべきではない、当時は兼好をかく「恋知り」と考えることが、『徒然草』の感銘が招来した一つの江戸時

代的な理解だったのである。

この浄瑠璃では、中之巻に、庵に『徒然草』起草中の兼好を、娘侍従の死にあって狂気になった父が尋ねて来て、この物狂《ものぐるい》と兼好とが問答する所があり、それは、『徒然草』の文句をふまえた問答であるが、前述の『つれづれ草』の『徒然草』観と多く変ってはいない。やがて兼好は『徒然草』を書きあげるが、そこにも、

兼好はこの時につれぐ〱草二巻、二百四十余段に書捨て、残す藻塩草《もしおぐさ》・風月のなさけ・後世《ごせ》の道・人の心・世の有様・虫の鳴く音《ね》に至るまで、その折々を博士《はかせ》として、隠遁の情を現せば、

とあるに止るのである。

この「恋知り」の兼好は、もう一歩発展すれば、いわゆる「粋法師」に通うものであるが、それを、戯作《げさく》的に見せているのが、『兼好一代記』である。

『兼好一代記』

これは兼好の伝記を材とした草子としては唯一のものであると思うが、江戸時代の読者層を対象として、一般人に親しい兼好の生涯に材を借り、『徒然草』の数々の名句を交えて、面白おかしく書いた戯作で、その意味では、もとより真面目な兼好の人間像を見るべきものではない。作者もその序に、

よしや吉田の高き名を借りてそこはかとなく書き続くれば、全部五巻と成りぬ。これを誠にあやしうこそ物くるはしく、我れながら腹をかゝへて初春の笑ひぞめにとねがふのみ。

と書いてあって、その作意もわかるが、しかし、ここに兼好の人間像の中に、当年の大衆好みの「粋人」を見出している点は興味を引くのである。

この書では、従四位下・左京大輔兼顕の三男兼好が、若い日一介の遊冶郎《ゆうやろう》として扱われ、高家の勘当息子となっているが、もちろん時代錯誤の構想であることはいうまでもない。兼好は、舎兄民部大輔兼雄が、近ごろ病気の由で、その役義上、

北面を兼好に譲るとのことに、「今部屋住《へやずみ》の無役《むやく》の中、心のまゝに遊行」せんと、法勝寺の花見に志し、ここに早田の宮の姫君と会って、恋仲となるが、その夜の姫との密会を、浅倉判官為義に妨げられ、且つこのことが父の耳に入って、兼好は勘当の身となるのである。かくて摂津猪名野《いなの》の里に「罪なくて見ん配所の月」で蟄居《ちっきょ》するが、更に彼はここでも神崎の遊女吉田と馴染《なじ》み、借銀に苦しむ身となるのである。作者は、「器量すぐれしのみにあらず、神道はさらにもいはじ、儒・仏・道を兼備へ、和歌にあやしく妙《たえ》に天性やさしき男なり」といい、また「和漢の書籍に眼をさらし、唐土・天竺・我朝のそらんじたる兼好」とは書いているが、その兼好が若き日のあやまちから「壱匁もないかねよし」となり、遊里の「納戸の中へをし込」められ、いわゆる桶伏《おけぶせ》になるという筋は、もちろん江戸作者の度の過ぎた戯作《げさく》趣味である。ちょうど父の危篤を伝えて来た家老三寸《みき》之進は、この兼好の危急を救うため、道中で会った一修行者塵海法師を殺し、その所持金を奪って「桶伏」の兼好を救う。漸く勘当を許された兼好は吉田を身受けして別家に抱え置くのであるが、この吉田こそ実は塵海法師の古主《こしゅ》の娘るり姫であり、その所持金も実は古主の娘を救うための金であったという因縁の不思議さに、三寸之進と兼好とを仇とねらう塵海法師の子達も心解け、兼好はここに出家するという筋である。

前述の『つれ〴〵草』では彼の出家を自発的なそれとしたが、『物見車』でも、同様に「天台の教を学び、荘老に心を寄せ、歌の道に思をのべ、無常を心にかくる」兼好の自発的な出家としているのであるが、それに対しこの『一代記』のそれは、全く「初春のお笑ひぐさ」ではあるが、作者とすれば、後に兼好に、江戸時代風の粋《すい》談義をさせることと、相通じた見立てなのであろう。

この五の巻には、遊女吉田の語として、『徒然草』のことばを引いて遊里の粋を説く一節がある。

遠国のかたい侍《さむらい》客のやうに、春の日の長きに、はやり芝居見物に行くも早い、時分からあげやへ来て、一日そばに引付置き、あからめもせずまもりて、おもしろふもない盃ばかりの取りやり、ほれた女郎でも自由に長の一日見てゐさんしたら、見ざめがしさうなものじや。花は盛に月はくまなきを見るものかは、雨に向いて月をこひ、たれこめて春のゆくゑ知らぬも、なほあはれに情ふかし。男女の情もひとへにあひ見るをばいふものかは、あはでやみにしうさを思ひ、あだなる契をかこち、長き夜をひとりあかし、遠き雲井を思ひやり、あさぢが宿に昔を忍ぶこそ、色このむとはいはめ。餅つきの夜しば部屋にてちよつとあひ、親かたやりての目を忍び、中戸で頬ずりし、格子《こうし》で吹付たばこ指し出し、人の聞かぬ内にたがひの思ふ事、あとさきに咄《はな》すなど、私や間夫《まぶ》がないによつてしらねど、間夫ぐるひする女郎衆の親方のきびしき折檻《せっかん》、やりてが歯にのせてかむやうにいふてもやまれぬは、つとめはなれた本恋なれば、やまれぬが尤《もつとも》と思ひます。

そして、作者は幇間《ほうかん》願西《がんさい》をして、この語を「今の世の恋知り様」と賞めそやさせているが、『徒然草』に見える悟道的恋愛観は、江戸時代の粋と相通じていることを示しているといえるわけである。

いま江戸時代の小説・戯曲に現われた兼好の人間像を考えたが、それは、姫君の御師範から恋知りに、さては遊里の粋人という形であって、こうしたことが、江戸人の考えた兼好の人間像をよく示していると思われるのである。

『列仙伝』

江戸時代の後期に現われた洒落本《しゃれぼん》『列仙伝』は、宝暦十三年(一七六三)刊で、先賢卜子夔《ぼくしき》著であるが、この書は孔・老・釈三聖の遊輿を描いた『聖遊廓』の後篇として出版せられたものである。そこには、孔子が唐土の遊里に遊び尽くして日本に来る下見として渡来した十哲の一人、子路《しろ》が、日本の六歌仙とともに遊輿するところを描いているが、その舞台たる揚屋《あげや》の亭主として選ばれているのが、兼好なのである。蓋《けだ》しわが国文人中、古くこの揚屋の亭主たるにふさわしい粋道《すいどう》の大《たい》人《じん》はと求めると、兼好を措《お》いて他には、これ以上の恰好《かっこう》の者は見出し得なかったのであろうか。恐らく、この辺りが、江戸文学における兼好観の最も極端な例ともいえるであろう。

以上江戸文学作品に見える兼好の人間像を考えたが、本来中世の隠者の名で考えられる文芸人は、その初めには、仏教的求道の心を持ち、厳しい自己反省と、伝統的芸術への執心《しゅうしん》に生きる人々であって、それが市井《しせい》の自由人として、遁世者の名において職業的文芸人となるのは、中世も後期になってのことと考えられる。兼好は中世前期と後期とをつなぐ南北朝時代に生きた隠者であって、彼は厳しい仏教的求道の心と伝統的歌道への本格的執心を持っていたのであるが、その高い知性と生来持ち合わせていたと考えられる人間智が、その随筆に多分に市井の自由人風な文芸人的風格を与えたのである。しかも彼は、歌人として公家と関連を持つとともに、また武家とも交渉を持ち、あの『太平記』の伝えるような艶書代作事件を持つが故に、そこに近世人によって「双岡の粋人」といった名を与えられることになったと考えられるのである。

そしてそれは、彼においては、王朝貴族的な文化伝統を守るという立場にありながらも、貴族とは違った座標に立って、広い社会への視野と、古代的・階級的な束縛を逸脱して、広く人間というものへの関心を持ったことの中に、近世人的なものが早く芽をふいていたためといってもよいと考えられるのである。その意味では、「双岡の粋法師」のことばも、また全面的に不当ともいえないといえるわけであろう。

第三　兼好の著書

兼好の著書として、現存するものは、

『徒然草』

『兼好法師自撰家集』

の二つである。この両書については、兼好伝の中で触れたが、今それ以外で、兼好の著書として伝えられるものについて一言しておきたい。

一　家集以外の和歌

家集以外で、今日伝わる彼の歌を求めると、次の十八首を得る。内十首は勅撰集所載のものである。因《ちな》みに彼の歌で勅撰集所載のものは、十八首であるが、そのうち八首は『兼好自撰歌集』に見えるものである。勅撰集に載った十八首とは、『続千載集』巻十八雑下、一首、『続後拾遺集』巻十四恋四、一首、『風雅集』巻十七雑下、一首、『新千載集』巻十六雑上、一首、同巻十八雑下、一首、同巻十九哀傷、一首、『新拾遺集』巻六冬部、一首、同巻九羇旅《きりょ》、一首、同巻十一恋、一首、『新後拾遺集』巻八雑、一首、同巻十羇旅、一首、同巻十六雑、一首、『新続古今集』巻六冬、一首、同巻十一恋、一首、同巻十二恋、一首、同巻十三恋、一首、同巻十五恋、一首、同雑、一首である。

　また他の八首は、高野山金剛三昧院奉納兼好法師自筆短冊五枚に見える歌五首、「聴講金剛経詠」の詩歌中に見えるもの二首、『片玉集』（書陵部本）に見える北野社百首和歌中に見えるもの一首（井上宗雄氏『中世歌壇史の研究』）である。

二　『古今鈔』

兼好が、『古今鈔』なる述作をしたであろうということは、池田元侯爵家蔵の小幡正信の『古今序集註』（外題剝脱して書名は不明であるが内容から西下経一氏がかく呼んだ）によってわかる。この『古今序集註』については、西下経一氏によって「兼好法師が古今鈔」（『文学』第二巻第一号所載）なる論文によって初めて紹介されたが、氏によると、宝永元年（一七〇四）の製作で、そこに引かれた説は、為家・兼好・浄弁・慶雲・堯孝・円雅・常縁・宗祇・宗碩《せき》・兼良等であり、兼好の説としては十五ヵ所引かれているという。しかしてその初出の所には「兼好法師が古今鈔曰」としてあり、他は多く「兼好云」「兼好法師云」とあるが、これによると、兼好に『古今鈔』なる著があり、宝永のころまではたしかに伝来していたことが推定できるわけである。他日どこかの秘庫から発見せられる日があることを期待したい。

三　『寝覚の記』

兼好作といわれるものに『寝覚の友』がある。現存のものは、「承応二年（一六五三）三月中旬」の刊記のある、六冊のもので（同一板木によったもので、無刊記のものもある）、別に神宮文庫・彰考館文庫等にも見え、また勧修寺元伯爵家に応永ごろの書写の『寝覚の記』があるという（岩波講座『日本文学』の書目解説「室町時代」）。

この書の序文は『扶桑拾葉集』にもとられ、そこには兼良作とあり、『国朝書目』『弁疑書目録』にも同様兼良作とあるが、それも信じられない。教訓的説話集で教訓十個条をたてて、それぞれ例話を挙げたもの。そこに引かれた説話は多く『十訓抄《じっきん》』からとったものである。

この書が兼好作と伝えられているのは、かの偽書『園太暦』の記事の一項

同年（貞和五年）五月廿三日、頓阿・兼好二一桑門詣ニ伊勢国阿野明神一。七日通夜之慰撰ニ一草子一。号ニ寝覚友一。古今之清談、家々勝劣、并無常変易之理等載レ之。自ニ藤原公一重為レ予備ニ一草一。故経ニ一覧一。尤憐ニ哀憐之余気一濡レ袖者也。

と関連があるものと考えられ、全く虚妄《きよもう》の伝えと考えられる。

兼好法師年譜（兼好の生年は不明であるが、今弘安六年をその生年として年齢を記した）

年次	西暦	年齢	事蹟	参考事項
弘安 六	一二八三	一	卜部兼顕の子として生まれる（推定）	天皇後宇多、上皇亀山・後深草○中秋、無住『沙石集』を書き終る
七	一二八四	二		四月四日、北条時宗没○七月七日、北条貞時執権となる○一〇月二七日、延政門院入内
八	一二八五	三		二月二日、皇子邦治親王(後二条天皇)生誕○八月二〇日、前大納言御子左為定出家○同月二三日、延政門院出家○一一月二七日、安達泰盛ら誅せらる
九	一二八六	四		九月一四日、権大納言御子左為氏没
一〇	一二八七	五		八月、北条宣時連署となる○一〇月二一日、伏見天皇践祚
正応 元	一二八八	六		三月三日、皇子胤仁(御伏見天皇)生誕
二	一二八九	七		八月二九日、堀川基具太政大臣となる○頓阿生れる
三	一二九〇	八	父に仏は何かと問う（『徒然草』第	三月一五日、基具辞職○六月八日、御子左為世権中納

年号	年	西暦	年齢	事項	一般事項
正応	四	一二九一	九	二四七段)	言に、京極為兼右兵衛督となる 七月二九日、為兼権中納言となる○一二月二五日、前内大臣西園寺実兼太政大臣を兼ねる
	五	一二九二	一〇		七月二八日、為兼従二位
永仁	元	一二九三	一一		八月二七日、為世・為兼・雅有らに勅して和歌を撰集せしめる○一一月、南禅寺建立
	二	一二九四	一二		諸社寺に敵国降伏の祈禱す
	三	一二九五	一三		九月、『野守鏡』成る
	四	一二九六	一四		五月一五日、為兼権中納言を辞す
	五	一二九七	一五		六月、前太政大臣堀川基具没
	六	一二九八	一六		三月一六日、為兼佐渡に流さる○六月二二日、後伏見天皇践祚○八月一〇日、邦治親王(後二条天皇)立太子
正安	三	一三〇一	一九	蔵人として後二条天皇に奉仕する	一月二一日、後二条天皇践祚○三月二八日、金沢顕時没○四月六日、参議洞院公世没○同月、北条宣時執権を辞す○一一月二三日、為世に勅して和歌を撰集せしめる
乾元	元	一三〇二	二〇		七月、金沢貞顕六波羅に上る○九月二八日、大納言土御門雅房没○一一月二三日、徳大寺公孝太政大臣とな

					る
嘉元	元	一三〇三	二一		閏四月五日、為兼佐渡から召還せられる〇一二月九日、『新後撰集』奏覧
	二	一三〇四	二二		七月一六日、後深草法皇崩御〇一〇月二六日、権中納言堀川具俊没
	三	一三〇五	二三		七月一八日、無住『雑談集』の稿終る〇九月一五日、亀山法皇崩御〇一二月、『続門葉和歌集』成る
徳治	二	一三〇七	二五	左兵衛佐になるか〇この年関東下向か	七月二六日、後宇多上皇出家
延慶	元	一三〇八	二六	この年、称名寺より上洛するか〇一二月、西華門院源基子に召されて、後二条天皇反古供養に一首奉る	八月二五日、後二条天皇崩御〇同月二六日、花園天皇践祚〇九月一九日、尊治親王(後醍醐天皇)立太子
	二	一三〇九	二七		正月、金沢貞顕南六波羅探題を辞す〇道眼上人、一切経を伝来する
	三	一三一〇	二八		五月、為世・為兼訴陳状を番う〇六月、金沢貞顕北六波羅探題となる〇一二月二八日、為兼権大納言となる
応長	元	一三一一	二九		三月、疫病流行する(『徒然草』五〇段)〇一二月二一

正和	元	一三一二	四〇		日、為兼権大納言を辞す 三月二八日、為兼『玉葉集』一部撰進〇一〇月一〇日、無住没
	二	一三一三	四一	九月、山科小野庄の六条三位家相伝の田一町歩を購入する〇このころまでに出家する	一〇月、『玉葉集』完成奏上〇同月一七日、伏見上皇出家
	四	一三一五	四三	このころ修学院に籠居か	七月、金沢貞顕連署となる〇一二月二八日、為兼六波羅に拘せられ、土佐配流
	五	一三一六	四四	一月下旬、堀川具守を岩倉の山荘に葬る〇祭主大中臣定忠の追善の和歌を詠む	一月一九日、前内大臣堀川具守没〇七月一〇日、北条高時執権となる
文保	元	一三一七	四五	春、延政門院一条と和歌を贈答する	八月五日、法成寺金堂地震で倒れる〇九月三日、伏見法皇崩御
	二	一三一八	四六	このころ関東下向か	二月二六日、後醍醐天皇践祚
元応	元	一三一九	四七		四月一九日、為世『続千載集』四季の部を撰進〇同月二五日、延暦寺の衆徒園城寺を焼く〇この年、後宇多院『文保百首』を召される
	二	一三二〇	四八	このころ、横川籠居か	七月二八日、頓阿、為世から古今伝授を受ける〇八月

元亨 元	一三二一	三九		四日、為世『続千載集』を完成奏覧（兼好一首入集） この年、記録所を復し、天皇親しく訴訟を聴く
二	一三二二	四〇		八月一六日、師錬『元亨釈書』を後醍醐天皇に献上する○九月一〇日、前太政大臣西園寺実兼没
三	一三二三	四一	このころ、京都に出たか○秋、邦良親王御歌合に五首の歌を奉る	六月三〇日、大仏宣時没○七月二日、権中納言御子左為藤に勅して、歌を撰ばしめらる○同月七日、亀山殿にて七百首行わる
正中 元	一三二四	四二	一一月一六日、二条家証本を借り『古今集』を書写、加点・校合する○一二月一三日、為世から『古今集』家説を授講せられる	六月二五日、後宇多法皇崩御○七月一〇日、権中納言御子左為藤没。その子為定和歌の撰を続ける○九月一六日、六波羅兵を遣わして日野資朝らを捕える
二	一三二五	四三	春、邦良親王から歌合の歌を召される	八月、幕府日野資朝を佐渡に流す○一二月一八日、『続後拾遺集』奏覧○今川了俊誕生
嘉暦 元	一三二六	四四		三月一六日、金沢貞顕執権となる○同月二〇日、皇太子邦良親王薨○四月二四日、北条守時執権となる○六月一八日、為世『和歌庭訓抄』なる○七月二四日、量仁親王（光厳天皇）立太子○一一月一八日、内大臣西園寺実衡没

嘉暦 二	一三二七	四五		七月一六日、為世権中納言となる
元徳 元	一三二九	四七		八月三〇日、玄輝門院崩御
二	一三三〇	四八	このころ、『徒然草』成る	
元弘 元	一三三一	四九		夏ころ、『臨永和歌集』成る○八月、後醍醐天皇笠置に遷る○九月二〇日、北条高時、光厳天皇を擁立す
二	一三三二	五〇	延政門院一条と和歌の贈答あり	二月一〇日、延政門院崩御○三月七日、後醍醐天皇隠岐に遷る○同月二一日、前権大納言京極為兼没○六月二日、日野資朝佐渡に斬らる
三	一三三三	五一		閏二月二四日、後醍醐天皇、隠岐を出て出雲に幸す○五月一七日、詔して光厳天皇を廃し、年号を元弘に復し、官爵を悉く元弘元年八月の旧に復す○同月二一日、高時以下鎌倉に自尽す。北条氏滅ぶ○六月五日、天皇京都に還幸○同月一三日、護良親王征夷大将軍に補せられる○八月五日、足利尊氏鎮守府将軍に任ぜられる
建武 元	一三三四	五二		正月一三日、足利直義執権となる○一一月一五日、護良親王を鎌倉に流す
二	一三三五	五三	内裏における千首和歌詠進に七首	七月二三日、足利直義、護良親王を殺す○一〇月、足

年号	西暦	年齢	兼好事項	一般事項
			奉る	利尊氏鎌倉に拠って叛す○一一月一二日、北畠顕家、鎮守府将軍となる○同月二二日、花園上皇落飾
延元元（建武三）	一三三六	五四	三月一三日、為定から『古今集』家説の授講をうける○同月二一日、一条猪熊旅所にて『源氏物語』を校合する	一月一〇日、尊氏京に入り、後醍醐天皇比叡山に幸す○同月二七日、官軍京都を復し、尊氏九州に走る○四月六日、後伏見法皇崩御○五月二四日、楠木正成湊川に戦死す○六月一四日、尊氏、光厳上皇を奉じて入洛する○八月一五日、光明天皇践祚○一二月二一日、後醍醐天皇吉野に潜幸
二（四）	一三三七	五五	三月二五日、順徳院宸筆本で『八雲御抄』を校合する	三月五日、金崎城陥り、恒良親王捕えられ、新田義貞逃る
三（暦応元）	一三三八	五六	春、為定邸の歌合に出る○閏七月九日、『古今集』を再び校合する	閏七月二日、新田義貞越前に戦死す○八月五日、為世没○同月一一日、尊氏征夷大将軍となる
四（二）	一三三九	五七		八月一五日、後村上天皇吉野にて受禅○同月一六日、後醍醐天皇崩御○夢窓疎石、天竜寺を創建す
興国元（三）	一三四〇	五八		二月、北畠親房『職原抄』成る○七月、堀川具親出家○同月、二条良基内大臣となる
二（四）	一三四一	五九		三月、塩冶高貞、京都を出奔する○一二月、足利直義天竜寺船を元に遣わし、什器を求める

興国三(康永元)	一三四二	六〇		四月二三日、足利氏五山十刹を定める○九月、土岐頼遠、光厳上皇の車駕を犯し、一〇月、誅せられる
四(康永二)	一三四三	六一		北畠親房『神皇正統記』なる○四月、洞院公賢左大臣に二条良基右大臣となる○一〇月一九日、僧正道我寂
五(三)	一三四四	六二	一〇月八日、高野山金剛三昧院に短冊五枚を奉納する	『藤葉和歌集』成る
六(貞和元)	一三四五	六三	このころから翌年にかけて、『兼好自撰家集』成立	四月一五日、和歌集勅撰の議あり○光厳上皇、洞院公賢に勅して、諸人の歌を執奏せしめる○今川了俊、このころ冷泉為秀の門に入るか○二条良基の『僻連抄』なる
正平元(二)	一三四六	六四	閏九月六日、洞院公賢を訪れる○一一月二七日から一二月八日まで、賢俊僧正に従って伊勢に下向する	二月二九日、二条良基関白となる○一一月九日、『風雅集』春の部成る○一二月五日、為定権大納言となる
二(三)	一三四七	六五		一二月九日、『風雅集』春の部成る○玄恵、『後三年合戦絵詞』序を書く
三(四)	一三四八	六六	一二月二六日、再度公賢を訪ねる。高師直に近侍していると考え	一月、四条畷に楠木正行戦死○七月二四日、『風雅集』完成。兼好一首入集○一〇月二七日、崇光天皇践祚○

			られる	一一月一一日、花園法皇崩御
四（五）	一三四九	六七		六月一一日、京都四条河原に橋勧進田楽あり、桟敷崩壊し、死傷者多数を出す○閏六月二三日、光厳上皇、公賢に持明院殿詩歌合を判せしめらる○九月七日、前権大納言小倉実教没○一二月二六日、崇光天皇即位
五（観応元）	一三五〇	六八	四月下旬、玄恵五旬の忌に「聴講金剛経詠」の和歌二首をつくる	三月一八日、北朝太政大臣洞院公賢辞職
六（二）	一三五一	六九	一二月三日、『続古今集』を書写する	二月、高師直殺さる○九月三〇日、夢窓疎石寂○一一月四日、南北朝和議一時成立する
七（文和元）	一三五二	七〇	八月、二条良基の百首に合点	二月二六日、尊氏、直義を鎌倉に殺す○閏二月一九日、南北朝の和議破れる○八月一七日、足利義詮、後光厳天皇を擁立する
九（三）	一三五四	七二		四月一七日、北畠親房没
一一（延文元）	一三五六	七四		三月二五日、『菟玖波集』の編纂終る○八月二五日、後光厳天皇、公卿に勅して和歌百首を詠進させる○九月二三日、尊円法親王薨
一二（二）	一三五七	七五		閏七月一一日、『菟玖波集』を准勅撰とする○同月一六日、三宝院賢俊僧正寂

正平一三（三）	一三五八	七六		四月三〇日、足利尊氏没○一〇月一〇日、新田義興武蔵矢口渡に死す○一二月二九日、二条良基関白を辞す
一四（四）	一三五九	七七		為定撰の『新千載集』成る。兼好の歌三首入る
一五（五）	一三六〇	七八		三月一四日、為定没○四月六日、前太政大臣洞院公賢没
一七（貞治元）	一三六二	八〇	このころまで生存か	四月、円月、建仁寺住持となる
一八（二）	一三六三	?		二月六日、二条良基関白となる
一九（三）	一三六四	?		七月七日、光厳上皇崩御○一〇月二七日、冷泉為明没○一二月、『新拾遺集』成る、兼好の歌三首入る

参考文献

兼好法師の伝記についての参考文献を記した。『徒然草』『自撰歌集』の評論・解釈の文献は、兼好の伝記研究に直接関連あるもののみに止めた。

『兼好伝記』倉田松益　貞享三年刊

『兼好諸国物語』閑寿　宝永三年刊

『種生伝』篠田厚敬　正徳二年刊

『兼好法師伝』幾春庵利微　享保十二年刊

『兼好法師伝考』写本（寛文四年の日付がある）

『兼好法師伝記考証』野々口隆正　天保八年刊

「兼好法師伝」沼波武夫（『徒然草講話』所収）大正三年一月刊

「卜部兼好死ス」（『大日本史料』六之十三）大正三年三月刊

「兼好」藤岡作太郎（『鎌倉室町時代文学史』所収）大正四年五月刊

「兼好法師終焉地弁妄」大西　鹿東（井上頼文著『徒然草講義』増訂版付録）昭和二年十月刊
「徒　然　草　研　究」中村　直勝（『日本文学講座』所収）昭和二年十二月刊
「徒然草と兼好法師」佐野保太郎（『徒然草講義』下巻所収）昭和七年十月刊
「兼好法師が古今鈔」西下　経一　『文学』昭和九年一月号
『兼好法師研究』冨倉　二郎　昭和十二年四月刊
「兼好法師自撰家集攷」堀部　正二　『書誌学』昭和十五年五月号
『兼　好　法　師　論』白石　大二　昭和十八年六月刊
「再　渉　鴨　水　記」岩橋小弥太　（『史料採訪』所収）昭和十九年刊
「兼　好　と　金　沢」関　　靖（『金沢文庫の研究』所収）昭和二十六年四月刊
「家司兼好の社会圏」風巻景次郎　『国語国文学の研究』昭和二十七年二月号
「兼好法師の終焉伝説と没年」次田　香澄　『国文学攷』昭和二十九年十一月号
「晩年の兼好法師」金子金治郎　『国文学攷』昭和二十九年十一月号
「歌人としての兼好論序説」荒木　尚　熊本大学法文学会『法文論叢』昭和三十二年六月号
「南北朝室町期における和歌資料二つ」井上　宗雄　『解釈と鑑賞』昭和三十二年九月号

「歌人としての兼好」安良岡康作　『解釈と鑑賞』昭和三十二年十二月号
「兼好伝の一資料について」林　瑞栄　『文学』昭和三十三年一月号
「兼好の母、兼雄の母」林　瑞栄　『文学』昭和三十三年十月号
「兼　好　の　生　涯」田辺　爵（『徒然草諸注集成』所収）昭和三十七年五月刊
「兼　好　の　周　辺」鎌田　元雄　『文学』昭和三十七年十月号
「兼好の古今授講について」田中　道雄　『佐賀大学文学論集』昭和三十七年九月号

著者略歴

明治三十三年生れ
大正十五年京都大学文学部国文学科卒業
京都女子大学教授、駒沢大学教授等を歴任
昭和六十一年没

主要著書

兼好法師研究　新註無名草子　建礼門院右京大夫小侍従　類纂評釈徒然草　平家物語研究　平家物語全注釈（全四巻）

人物叢書　新装版

卜部兼好

昭和三十九年二月五日　第一版第一刷発行
昭和六十二年十二月一日　新装版第一刷発行
平成四年十月一日　新装版第二刷発行

著者　冨倉徳次郎《とみくらとくじろう》
編集者　日本歴史学会
代表者　児玉幸多
発行者　吉川圭三
発行所　株式会社 吉川弘文館
東京都文京区本郷七丁目二番八号
郵便番号一一三
電話〇三－三八一三－九一五一〈代表〉
振替口座東京〇－二四四
印刷＝平文社　製本＝ナショナル製本

© Ryō Tomikura 1964. Printed in Japan

『人物叢書』（新装版）刊行のことば

人物叢書は、個人が埋没された歴史書が盛行した時代に、「歴史を動かすものは人間である。個人の伝記が明らかにされないで、歴史の叙述は完全であり得ない」という信念のもとに、専門学者に執筆を依頼し、日本歴史学会が編集し、吉川弘文館が刊行した一大伝記集である。

幸いに読書界の支持を得て、百冊刊行の折には菊池寛賞を授けられる栄誉に浴した。

しかし発行以来すでに四半世紀を経過し、長期品切れ本が増加し、読書界の要望にそい得ない状態にもなったので、この際既刊本の体裁を一新して再編成し、定期的に配本できるような方策をとることにした。既刊本は一八四冊であるが、まだ未刊である重要人物の伝記についても鋭意刊行を進める方針であり、その体裁も新形式をとることとした。

こうして刊行当初の精神に思いを致し、人物叢書を蘇らせようとするのが、今回の企図である。大方のご支援を得ることができれば幸せである。

昭和六十年五月

日本歴史学会
代表者　坂本太郎

〈オンデマンド版〉
卜部兼好

人物叢書　新装版

2020年（令和2）11月1日　発行

著　者　冨《とみ》倉《くら》徳《とく》次《じ》郎《ろう》

編集者　日本歴史学会
代表者　藤田　覚

発行者　吉川道郎

発行所　株式会社　吉川弘文館
〒113-0033　東京都文京区本郷7丁目2番8号
TEL　03-3813-9151〈代表〉
URL　http://www.yoshikawa-k.co.jp/

印刷・製本　大日本印刷株式会社

冨倉　徳次郎（1900～1986）
ⓒ Gen Tomikura 2020. Printed in Japan
ISBN978-4-642-75100-1

JCOPY　〈出版者著作権管理機構　委託出版物〉
本書の無断複写は著作権法上での例外を除き禁じられています．複写される場合は，そのつど事前に，出版者著作権管理機構（電話 03-5244-5088，FAX 03-5244-5089，e-mail: info@jcopy.or.jp）の許諾を得てください．